［ポイエーシス叢書］48.

接触と領有

ラテンアメリカにおける言説の政治

林みどり 著

未來社

接触と領有■目次

接触と領有——ラテンアメリカにおける言説の政治

装幀――戸田ツトム＋岡孝治

プロローグ

I

八〇年代後半のことなのでいまから十年以上まえになるが、遅まきながらエドワード・W・サイードの『オリエンタリズム』にはじめて接したときの衝撃は、いまでも忘れることはできない。当時わたしは、ラテンアメリカ、とりわけアルゼンチンの思想史研究にようやく本格的に着手しようとしていたところだった。近代化論的、従属論的、民衆史的枠組みといったちがいはあれ、なんらかの歴史的実体を反映するものとしてテクストを読むことには違和感をおぼえていたのだが、これといった手がかりのないまま暗中模索していたさなかにサイードに出会った。ちょうど『オリエンタリズム』の邦訳が出されて、日本でも、サイードのいわば〈ブーム〉が静かにはじまろうとしていた時期だったようにおもう。『オリエンタリズム』に刺激されたわたしは、同じ著者による難解ながら魅力あふれる他のいくつかのテクストを読みすすめるにつれて、フーコー的な言説と権力の問題としてラテンアメリカの思想史をとらえなおす可能性についての、確かなてごたえを感じはじめたのであった。

いま、フーコー的な、と書いたが、それまでのわたしは、フーコーやデリダのテクストをほとんど読んだことがなかった。だからサイードのいくつかのテクストは、かれらの思索に目をひらかされるきっかけでもあった。本書で援用した言説やテクストをめぐる議論は、西洋哲学や現代思想の〈本流〉から出発したのではなく、サイードという異端的な思想家から出発したのである。

そしてそれから数年後、もうひとつの幸運な出会いを経験することになった。メアリー・ルイーズ・プラットの『帝国の眼差し——旅行記述とトランスカルチュレーション』(一九九二年)である。この本の出版から一年後に『文化と帝国主義』としてまとめられることになる著作のなかで、サイード自身述懐しているように、『オリエンタリズム』では、もっぱら西洋の植民地主義的言説の支配的な側面の分析に重点がおかれていて、それにたいする応答についてはほとんど注意がはらわれていない。サイードと同様になどというつもりはさらさらないが、しかしまた、『オリエンタリズム』をてがかりに開始したわたしのささやかな言説分析が、ある時点で似たような限界につきあたっていたのは事実である。アルゼンチンの国民主義的言説のはらむ権力を批判的に分析すること。それはそれできわめて重要であるにせよ、はたしてそれだけに終始してしまってよいのだろうか、という疑いがふくれあがりはじめていた。この問いに煩悶していたころに手にとったのが、プラットの作品だった。このふたつめの出会いをつうじて、わたしはいまひとたび自分の言説分析を再考に付す作業を開始した。本書『接触と領有

――ラテンアメリカにおける言説の政治』は、直接的にはこの二度目の出会いに触発されたところからはじめられたといってよい。

『帝国の眼差し』は、なぜここでの起点になったのか。『帝国の眼差し』は、ヨーロッパやアメリカ合州国、ラテンアメリカ、アフリカを結ぶ環大西洋地域における表象の複合的な写本システムを、十八世紀なかばから一九八〇年代までのタイムスパンであきらかにしようとする壮大な企ての書である。プラットはこの二世紀半の歴史を、植民地主義を展開していった西洋と、植民地主義的な拡大の対象とされたラテンアメリカやアフリカの双方の文化が接触しあう歴史としてとらえた。そのうえで、双方の文化が植民地的支配関係のなかで遭遇し衝突しあう文化的トポスの産物として、同時代に書かれたテクスト（とくに旅行記）を分析したのである。

旅行記に注目するという着眼点の新鮮さもさることながら、わたしにとってとりわけ興味深かったのは、プラットが提示している「接触領域」contact zoneという概念であった。プラットによれば、接触領域とは、「植民地主義や奴隷制、または今日グローバルに生きながらえているそれらの結果のような、しばしば支配と従属からなるきわめて非対称的な諸関係のなかで、まったく異なる複数の文化が出会い、衝突し、たがいをつかみあう社会的な諸空間」☆1である。ヨーロッパ人やアメリカ合州国人、ラテンアメリカやアフリカの現地支配層が書いたテクストを、被支配的な層への権力拡大のプロセスのあらわれとしてとらえるだけでなく、言説をつうじての権力の行使にたいする従属的＝周縁的な側の反抗的な応答を、同時にそこに読みとる

☆1 Pratt 1992: 4.

ることを可能にするもの。つまりは、アシンメトリカルな力関係の場においてなされる支配的なものと従属的なもののあいだの、これまたアシンメトリカルなかたちでしかあらわれようのない相互作用への着目。それが、接触領域という概念がもっている魅力なのだ。

もうお気づきかもしれないが、この本のタイトルにある「接触」は、プラットが提示した「接触領域」の概念に依拠している。ここでは、支配的なものと支配されるもののあいだの不均整な相互作用がなされる接触領域という切り口から、十九世紀のアルゼンチンのケースをとりあげている。けれどもわたしはそれを、背景に文化実体論がかいまみえる枠組みとしてではなく、徹底して言説の問題としてあつかっている。あえてそうしなければならないとかんがえたからである。

接触領域という概念はたいへん魅力的ではあるが、ともすると危険をはらみかねないとおもう。言説の問題としてあつかわれるとき、それは支配的言説の、いわば脱構築的な読みによる解析の作業へとむかうだろう。しかしながらそれとはまったくちがったしかたで――たとえば支配層やその文化と、被支配層やその文化が接触し闘いあうというしかたで――文化実体論と結びつけることもまた不可能ではないのだ。いったん文化実体論と結託してしまえば、それは文化主義的な抵抗論や、文化的相互作用の豊かな事例として回収されてしまうだろう。支配的な文化と、それに抵抗する文化という、一枚岩的な文化主体からなる二元論へとたちもどってしまうだろう。だが、被支配層の文化を、直接的に、そのものじたいとして、書かれたテクストのなかからとりだすことなど不可能なのだ。被支配層の文化的なあらわれは、文字を書きのこす権力をもっている支配層のテクストのなかに書きこまれて、つごうのよいしかたで利用されたり変奏されたりしているからである。

だが、これを言説の問題としてとらえるときには、支配される側の文化的なあらわれが、支配層のテクストに書きこまれたものであることについて意識的になることそれじたいは、分析の限界であるどころか、逆にあらたな読みの可能性をきりひらくものとなるだろう。なるほど被支配層の抵抗の行為実践それじたいをとりだすことは不可能だ。だがその一方では、そのような書きこみ《エクリチュール》を、支配的言説の啓蒙的ロゴスの些細な一部分としてかたづけることもまた、できないのではないか。それをつまらないものとして見落としてしまう読みは、支配的言説にとってまことにつごうのよい読みになるだろうが、はたしてそういった読みの可能性しかないのか。そうした書きこみは、エクリチュールであることの必然としてもたらされる多様な〈運動〉（この場合いうまでもなくテクスト外的な社会運動のことではない）を、支配的言説の内部にひきおこしてはいないだろうか。つまりは啓蒙的ロゴスが統べる支配的言説の内部に、重大な葛藤をひきおこしてはいないだろうか。プラットの接触領域を言説の問題としてとらえなおそうとしたのは、支配的言説に書きこまれた被支配層の文化的あらわれが、言説レヴェルにおいてもたらす抗争的側面を解析する可能性に賭けたいとかんがえたからである。

むろんプラット自身、文化実体論的な領野から接触領域を構想していたわけではない。『帝国の眼差し』が発表された一九九〇年代にはいってからは、純粋に理論的考察からラテンアメリカ文学の批評的営為へと重心をシフトさせつつあるプラットだが[☆2]、こと接触領域にかんしていえば、おそらくその発想の出発点は、八六年に『ポエティクス・トゥデイ』誌に発表した論文「イデオロギーと言語行為論」にあるとおもわれる。オースティン／サールの後継者たちによってうちたてられている主流派の言語行為論を全面的に批判しているこの論文は、言語行為論の研究者として開始したプラット自身の著作、『文学言説の言語行為論にむけて』（一九七七年）の限界をも露呈しかねない勢いの理論的考察となっているのである[☆3]。

「イデオロギーと言語行為論」のなかでプラットは、まずもって言語学のもつ抽象性や個人主義的諸概念を批判したうえで、言語学が前提しているような自律的で自己充足的なものとしてではなく、社会的実践として言語を考察する可能性にむけてひらかれている理論として、言語行為論を高く評価している。しかしながら、従来の言語行為論には決定的な欠陥があるという。これまでの言語行為論は、「きわだって一枚岩的な存在」ないしは「まごうことなく統一化された主体」として話し手と聞き手を前提したうえで、そのような両者が、理性や誠実さや首尾一貫性をもって言語的相互行為を遂行し、また「本心から」発話する場を想定している。だがはたしてそのような発話主体を前提することなど、そもそも可能だろうか。

ひとびとはかならず言語行為に隣接する言語外的な状況において、社会的に構築された位置《ポジション》から話したり、そうした位置のなかで発話するのである。しかもそこでの発話の位置は

☆2　たとえばMillones & Pratt 1989, Pratt 1990, Pratt & Newman 1999.

☆3　Pratt 1977. Pratt 1986. なお八六年の論文は、"The Ideology of Speech Act Theory"と題されて一九八一年に既発表の論文に加筆修正したものである。

固定的ではなく、つねにシフトしていくうえに、複合的であったり矛盾していたりする多様な諸力が交差する状況のなかにあって、そのつど決定されていくものである。だから、「日常的な生活の過程においてひとりの人間がそこから話しているであろう、数多くの位置のなかのひとつの位置をさして、『独白している』とか『本心から』話しているといっているにすぎない。（中略）社会的に構成された非本質主義的な発話主体という視点からみると、コンテクストは、たんにそれにたいして個人が発話する背景などではない。むしろコンテクストと主体はたがいにたがいを遂行的に決定していくのである。〔話し手や聞き手の〕もろもろの信念や欲望や意図といったものを、真正で一枚岩的な自己に起因するものとしてではなく、またそうした自己に属しているものとしてでもなく、その状況のなかで戯れる諸力とみなければならない」[☆4]。このように言語外的状況の重要性を強調し、発話のポジションを問題化しなければならないとする主張には、「接触領域」の核となる視点――アシンメトリカルな力関係のもとでの言語的相互行為――が、すでにしめされているのである。

いったん発話のポジションを重視する視点を導入してみると、従来の言語行為論の弱点はおのずとあきらかになるだろう。プラットは、ポール・グライスを例にあげながら、言語行為論において「体系的に欠如しているもの」がなんであるかをしめしている。話し手と聞き手がそれぞれ複数存在するとき、そこでは「協同の原則」Cooperative Principleがはたらくとグライスは言っている。言語的相互作用がおこなわれる場にあって、その場にいるひとびとは、最終

☆4 Pratt 1986: 63.

的にたどりつくべき目標を共有しつつ、協力しあって、たがいのことばを有効なしかたで交換しあうのであり、そこではつねに正直さや適切さや情報供与性が維持されているという。それがグライスのいう「協同の原則」の大前提である。つまり「協同の原則」のモデルにおいては、まったき平等の立場にたって当事者各人がたがいに「話の交換」をおこなうことが可能であるような、純粋に中立的な言語外的状況が前提されている。

だがはたして、このようなコンテクストや発話の位置を標準的なものとかんがえてしまってよいだろうか。ひとりの人間やひとつのグループだけが他のひとびとにむかって一方的に話したり、勝手に論争点を決めたり、どれだけ話せば十分かを決定したり、どういったトピックが適切で、なにが真実で妥当な証拠であるかを定めたり、だれが話しはじめるべきかを決めるといったことは、しばしばありうることだ。社会的実践として言語的相互作用をかんがえるときに、こうした権力諸関係が介在するコンテクストを捨象してしまってよいのか。グライス的／サール的な見方は、社会のなかに疑いようもなく存在しているさまざまな権力関係を隠蔽したうえで、はじめて可能となるものにほかならない。「発話の役割分担は、つねに、または標準的＝規範的には選択の問題なのだとしたり、〔言語的な〕協同性は、つねに、または標準的＝規範的には自由意志にもとづくものだとしたり、〔言語的な〕非協同性はつねに、または標準的＝規範的には非理性的であるとかんがえるのはまちがっているだろう。ヒエラルヒー化された発話の状況においてそのようにみなすことは、しばしばものごとを、もっとも権力をもつ側の視点だけから定義することなのである」[☆5]。「もっとも権力をもつ側の視点だけから」みるのではないしかたで、言語的相互行為のおこなわれている場をみようとすること。まさにそれこそは、この論文の六年後に接触領域をめぐって提示されようとしていた見方ではなかったか。なるほど『帝国の眼差し』は歴史的な分析であり、そこでとりあげられているのは、主流の言語行為論が対象としていた口頭での言語行為ではなく、書かれたテクストである。しかしプラットは、文学などの「虚構的」とされるテクストでさえ、制度的であるという意味では「公的な言語行為」であり、[☆6]したがってそれを書いたり読んだりすることは、口頭のものとおなじ社会的実践にほかならないといっている。「フィクションであれノンフィクションであれ、表象的な言説はみな、世界を創造し、世界を記述し、世界を変革する試みを同時にくわだてるものとしてあつかわれなければならない[☆7]」のであって、つまりは書かれたテクストとて、言語による社会的なはたらきかけの場であることにちがいはないのである。

　文字として書かれた旅行記や歴史叙述についても、言語行為論的アプローチが可能である。そしてそのときには、「協同の原則」が機能している場としてテクストを読解するのではないしかたで、それらはあつかわれなければならない。つまり支配の拡大をめざす側の意図や欲望や発言や主張だけからなる場としてテクストを読んでしまってはならない、ということだ。

　では、どのようにそれを読解すべきなのか。プラットはいっている。

☆5　Pratt 1986: 68. プラットはミハイル・バフチンには言及していないが、彼女の論点はバフチンの言語行為論にきわめて近い（村山一九九五・二〇八〜〇九）。

☆6　Pratt 1986: 61.

☆7　Pratt 1986: 71.

読者／テクスト／著者の関係は協同的であるというだけでなく、強制的で、転覆的で、抗争的で、服従的でもあるということができるはずだ。また読者／テクスト／著者の諸関係が、同時的、あるいはテクストの別々の箇所で、そういった多様な性質のうちのいくつか、ないしはそのすべてであるということが可能なはずである。このようなしかたで展開していくならば、アヴァンギャルドのテクストにかんする言語行為論的説明や、おおくのフェミニズム批評によって論じられてきたたぐいの「あらがう読み」resisting readingsにかんする言語行為論的説明は、すばらしく豊かなものになるだろう。☆8

読者／テクスト／著者の諸関係を予定調和的なものとして想定するのをしりぞけること。強制や服従、転覆や抗争といったような、権力の行使とそれにたいするさまざまな応答が交差する場として、テクストを読もうとすること。そのことをつうじて、「統一化された主体」によって構成される調和的で均質な言語空間としてではないしかたで、テクストを読むこと。たえずシフトしていくコンテクストやポジションが、発話したり書いたりする主体を決定し、またその主体が、発話や書く行為をつうじてコンテクストやポジションを決定していくさまをみのがさずにおくこと。おそらくこういった一連の読みの戦略をくわだてることのなかから、プラットは接触領域という概念を構想していったのだろう。

☆8　Pratt 1986: 70.

読みの戦略をくわだてること。プラットの言語行為論、およびそれとつらなる接触領域にまつわる分析のなかで、もっともわたしの興味をひいたのは、そのことであった。いや、プラットだけではない。ここで直接的ないし間接的に参照した諸理論は、サイードのものであれホミ・バーバのものであれ、読みの戦略を準備するためのものであった。しかしなぜ、読みの戦略といったことがらにこれほど固執するのか。いったいここでいう読みの戦略とはなにか。唐突とおもわれるかもしれないが、わたしのなかでそれは、ベンヤミンの歴史哲学テーゼにつらなる問題領域に属している。

　第七テーゼのなかでベンヤミンは、実証主義的な歴史学を痛烈に批判してこういっている。実証主義的歴史家がやっているように、歴史家にとっての現在の関心をおりこむことなく、おのれをむなしくして過去の歴史を読もうとする歴史学とは、過去にたいする批判的な眼差しを抹殺することにほかならず、かれらはたんに過去に感情移入しているにすぎない。過去への自己移入。だがそのとき歴史家は、いったい過去のなにに自己移入しているのか？　いうまでもなく過去のできごとのなかで生きのこったのは勝者である。ということは、過去に自己移入するとは、つまりは過去の勝者に自己移入することなのだ。歴史家は過去の勝者に自己移入し、かれらがもたらした戦利品の目録をつくったうえでそれを歴史叙述と称しているにすぎない。

そのようにベンヤミンはいうのである。☆9

　これをわたしなりにいいかえると、こういうことになる。いうまでもなく歴史叙述は記録を史料としてあつかう。しかしそうした記録とは、生きのこった勝者たちが、死んでしまった者たちの語りを簒奪し利用したり、忘却したり隠蔽するものである。その意味では、記録それじたいが、なにを記憶しなにを忘却するのかを、ほかならぬ勝者が選択したすえの産物である。そのようなきわめて政治的な選択の末の産物を、なんら現在的な批判の眼差しをさしはさまずに、記録にあることそのままを忠実になぞる読みは、いかに緻密な史料考証をおこなったところで、勝者の政治的選択を継承していくことにほかならない。またそのような従順な読みの末に書かれた歴史叙述は、それじたいが勝者のおこなう記憶と忘却の政治を伝達し、それに加担することなのだ。

　だが、そうではないしかたで歴史を叙述することは可能だろうか。ベンヤミンはひとこと、それは「歴史をさかなですること」だといっている。きわめて示唆的な表現である。さまざまな解釈が可能だろう。わたしはそれを、まずは勝者の書いたテクストによって構築され継承されてきた支配的言説の構造を、批判的に検証しなおすこととして理解している。また同時に、その言説のなかに領有されたり隠蔽されているものの代補的な作用を読みこむことによって、支配的言説の自明さを崩していく作業としてかんがえている。読みの戦略とは、このような検証やつき崩しの作業をおこなうにさいしてもちいた方法論のことである。（念のためにつけく

☆9　ベンヤミン一九九九・六五〇～五一。

わえておくなら、本書でテクストとしてあつかっているのは狭義の史料や歴史叙述だけではない。旅行記や地図、小説、回顧録、日誌なども同等のものとしてあつかっている。支配的言説の編成にかかわるのは、なにも歴史叙述にかぎったことではないし、勝者に踏みにじられたものの表象が埋めこまれているのは史料だけではないからだ。）

「歴史をさかなでする」読みの戦略としてここで中心的にもちいたものをもうひとつあげておこう。『文化と帝国主義』のなかでサイードが提示している「対位法的なパースペクティヴ」contrapuntal perspectiveないし「対位法的な読み」contrapuntal readingである。☆10 いうまでもなく対位法とは元来は音楽用語で、独立性のつよい複数の旋律を調和させることをつうじて楽曲を構成していく作曲技法のことだ。『文化と帝国主義』の執筆にとりかかる以前からサイードは、複数の次元を同時にとらえようとするひとつの批評的意識のありかたのモデルとして、対位法をかんがえていたようである。

『文化と帝国主義』では、対位法は、植民地主義のプロセスと、植民地主義に抵抗するプロセスの両方を、過去のテクストのなかに同時に読みこむ批評的な視座として提示されている。だがいったいどのようにしてなのか。植民地主義の過程を読むというのならまだしも容易といえようが、それに抵抗する過程をどのように読むことができるというのか。サイードによれば、むりやりテクストから排除されようとしているものにまでテクストの読みを拡大することによって、それは可能になるという。そしてまた、「より強いほうの経験が、いかにより弱いほう

☆10 Said 1993: 36-37, 59-60, 78-80, 134.

にオーヴァーラップし、また奇妙なことに依存しているか」をしめすことによって可能になる。[☆11]

テクストが周到に排除し見せないでおこうとしているものにまで読みを拡大するうえでもっとも肝要なことは、過去のテクストを均質な言語空間と前提しないという読みの構えであろう。おそらくここには、サイードのいう「対位法的な読み」と、プラット的な意味での言語行為論との接点がある。

十九世紀に書かれたテクストを読んでいたときのことである。わたしは幾度か奇妙な記述にでくわした。テクストのなかの話し手／書き手のアドレッシング〔言語的なはたらきかけの方向性〕が、話し手／読み手の期待しているところにむかわずに、とんでもない方向にむかっていることを示唆する記述である。単純に読みとばしたり、当事者のコミュニケーション力の欠如としてかたづけてしまえるような些細な箇所。ほんの一瞬、ちらりとしかあらわれない部分。

おそらくそれらは、話し手と聞き手の言語規則がおなじではないことから生じる、アドレッシングのずれが書きとめられている箇所である。話し手のいいかたがまずいとか聞き手の理解力がたりないといったような、両者の属性とはまったく関係ない。両者はそもそも、言語的にまったく非対称な関係にある。そのことが、そこには析出されているのだ。

たぶん「協同の原則」的なパースペクティヴから読むなら、このような言語的な非対称性は完全に無視されてしまうだろう。言語的非対称性を容認しない読みは、「協同の原則」をささ

☆11　Said 1993: 231.

えている諸前提を暗黙のうちにみずからのものにしている読みであり、もっといえば、形式的には二者ないしそれ以上の関係をあつかっておきながら、そのじつモノローグ的な共同体的構造に閉じこめられている読みである。つまるところそこには、言語規則を異にする他者がいないのである。だがそれは、プラットが指摘していたように、「もっとも権力をもつ側の視点だけから」テクストを読む営為にほかならない。「歴史をさかなでする」ためには、そうではない読みがなされなければならない。言語的な非対称の関係からなる言語ゲームの場としてテクストを読むことは、そのような別のしかたでの読解可能性のひとつなのではないだろうか。

アドレッシングのずれが生じる例は発話だけでなく、書くことについても同様のことがいえる。話し手や書き手があらかじめ想定していることがらが、そのとおりにうけいれられない場合。期待していたのとは別のしかたで理解されてしまったり、勝手に展開されてしまったりする場合。書かれたり話されたりしたことが、聞いたり読んだりする側においては別のことを意味してしまったり、複数の意味へと分裂させられてしまう場合。もうすこし複合的なケースとしては、書いたり話したりしたあとに、それにたいする聞き手からの応答をうけてはじめて、書き手ないし話し手が、当初の期待とは異なるしかたで受けとめられたことに気づく。けれどもいったい相手がそれをどう受容し、なぜそのように応答したのか、はかりきれず二の句がつげないという、時間的なずれをともなっている場合。これらはすべて、言語的な非対称の関係から生じたアドレッシングのずれのあらわれであり、テクストはそのずれを、テクストの言語規則内にあっての葛藤として書きとめざるをえないのである。このときテクストは、書き手の意志や欲望につらぬかれた、調和的で均質的なコミュニケーションの場の記述となることを放棄する。それどころか、書き手／話し手は、書き手／話し手たることを中断せざるをえず、聞き手の受容のありかたを解読しようとする読み手へとずれていく。テクストは、書き手でありながら読み手となっている著者による解読作業の過程を記録するものとなるのであって、そこには書き手と読み手、話し手と聞き手がたえまなくシフトしていくさまがしるされてしまうのである。

見逃してはならないもうひとつの重要な点。それは、このような言語的非対称の関係においては、話し手が発話することがらの〈意味〉は、もはや話し手自身に属するのではなく、完全に聞き手に依存してしまっているということである。そればかりではない。話し手は、聞き手にわかってもらおうと、あれこれ工夫をこらさなければならなくなってしまう。強制や懐柔をおこないながら、聞き手の言語規則をなんとかとらえて、それをつうじて理解してもらおうと、みずからのものならざる言語規則に服従の意を表明しなければならなくなるのである。

このような言語的な非対称性を解読することが、なぜ「歴史をさかなでする」読みであるのか。諸テクストをつうじて支配的言説がなにをしようとしているかをかんがえてみればよい。あらゆる支配的な言説は、すべての社会構成員を、「きわだって一枚岩的な存在」や「まごうことなく統一化された主体」として構成することのなかに、みずからの権威の起源をもっている。それは、歴史の行為主体とそうでないものを分けて固定化しようとする。話し手／書き手を言語的なはたらきかけを開始する中心的な行為主体として固定し、聞き手／読み手をはたらきかけの周縁的な客体として固定しようとする。話し手／書き手は、みずからの行為をつうじてつねにあたらしいものをつくりだし、それを継承し、創始者であるがゆえにその正統な所有者と認められる。それにたいして聞き手／読み手は、起源的な行為主体がつくりだすものを待ちうけるだけであり、その意味でつねに創始者に依存し、なにもつくりださず、たとえつくりだしたとしても、それは派生的で二義的にすぎない。そのような主客の別からなる固定的な主体構成をおこない、それを伝達していくことによって、支配的言説は歴史を行進していくのである。

しかし言語的非対称の関係がもたらす葛藤の記述の場では、このような支配的言説の勝利凱旋は中断されざるをえないだろう。なぜならそこでは、支配的言説の権威の源となっている主体構成の過程そのものに、亀裂がいれられてしまうからである。そしてそこにおいて、支配的言説の根拠のなさが露呈されてしまうからである。むろんそうした中断をまたぎこして、さらなる行進はつづけられるだろう。だがその行進には、いまや微妙なさざなみがたっていることだろう。

テクストを書きのこすのは勝者である。そして歴史がこれら勝者によって書きのこされてきた記録の集積でしかないというのもまた、事実だろう。だが、そのようなテクストのなかで、勝者である書き手は、奇妙なことに勝者ならざるものにオーヴァーラップし、また依存してしまっているのだ。テクストは支配者となった勝者が獲得した戦利品そのもの、ないしその目録に相違ない。しかし、ほかならぬその戦利品をつうじてなされる支配者の勝利宣言には、奇妙な雑音や音とびがまじってしまっているのである。支配的言説の脱構築は、支配的言説それじたいの編成過程を批判的に検証すると同時に、このような雑音や音とびに耳を傾けることから開始されるのである。

第一章　自己領有のふたつのかたち

第一の自己領有――テクスト的態度

十九世紀前半には、カリブ海域をのぞくほとんどすべての地域が宗主国との紐帯をたちきったラテンアメリカでは、ポスト＝スペインの座を狙うイギリスやフランスなどによる植民地主義的な活動が活発に展開された。あらたな鉱物資源や農牧資源、森林資源を求めて、また商業的利潤や植民の可能性をさぐるために、数多くのヨーロッパ人旅行者がラテンアメリカにやってきて、その地を縦横に移動していった。

たとえばラプラタ地域では、イギリスの活動はぬきんでていて他のヨーロッパ諸国をよせつけなかった。十九世紀はじめのラプラタにおけるイギリスの活躍ぶりを一瞥してみればよい。独立前夜の一八〇六年から翌年にかけてのイギリス軍によるブエノスアイレスおよびモンテビデオの軍事征服、イギリスによるすみやかなラプラタ独立承認と領事派遣、在ラプラタのイギリス人に課されたもろもろの規制撤廃要求とその実現、ラプラタでの商業活動と情報蒐集の中心となるイギリス商工会議所ブエノスアイレス支所設立（一八一一年）といった一連の外交史的な事件。あるいはまた、一八二二年にはすでにラプラタの総輸入額の約半分を占めることになる、マンチェスター産織物工業製品による内陸地域の手織物業の漸次的駆逐、輸入品急増がひきおこした貿易不均衡の拡大、貴金属生産力をうわまわる貴金属流出の増大による、現地貨幣流通の急激な質の変化、といった経済史的な諸事件。[☆1]イギリス人旅行者は、こうしたさまざまな事件と並行して当地にやってきたのだった。

鉱山や商業開発のための予備調査という、明白に帝国主義的な任務を負ってやってきた旅行者たちは、現地社会の観察や専門的なデータを記録する旅行記のなかで、博物学的情熱をもってアメリカ大陸のランドスケープを描いた。巨大に蛇行する河、山なみの起伏、鬱蒼と茂る熱帯雨林のひろがり、そこに咲きほころんでいるめずらしい草花やつややかな果実の形状等々……。このように、植民地主義的欲望のなかでとらえられたラテンアメリカの風景は、ヨーロッパ人によってふたたび征服されるのをまちうけている、手つかずの自然として構成されたのである。

これら植民地主義的な探査の任にあった旅行者を、他の観察者と区別して「資本主義の尖兵」capitalist vanguardとよぶプラットは、かれらが書いた旅行記が十九世紀のラテンアメリカ表象にはたした役割の重要性を強調している。[☆2]イギリスの植民地主義的膨張によって生じた、あらたな接触領域の産物にほかならない「尖兵」たちの旅行記は、イギリス帝国の地政学の版図のなかに、スペイン帝国から〈解放〉されたラテンアメリカをマッピングしなおしてい

☆1 Halperín Donghi 1980: 15051. Ferns 1984: 7997.
☆2 Pratt 1992: 14655.

くものだったからである。

だがそれだけではない。かれらの旅行記こそは、独立後のラテンアメリカの政治や経済や文化の支配権を握ることになる現地のクリオージョ知識人たちが、旧宗主国からの独立を正当化し、自分たちのナショナルな同一性を構築するにあたって依拠した、規範的なテクストになったのである。クリオージョ知識人たちは、西洋人旅行者の記録や後述するように現地の口承文化など、植民地支配から独立することによって可能になった接触領域のなかに、あらたな国民的同一性の根拠となる素材を求めたのであった。かれらはそこに西洋とは異なる独自の文化的な自己表象を構築するための多様な素材を探し、国民国家の「文化的自画像」にふさわしいとおもわれる表象を選択的に流用することをつうじて、あらたな文化的諸様式にかんする言説を編成したのである。[☆3] このように、すでに存在する諸表象のなかからつごうのよいものを選択的にえらびとりみずからのものにすることによって、あらたな文化的主体を構築していく作業。そうした作業のことを、ここでは自己領有とよぶことにしよう。

十九世紀にかぎらず、二〇世紀の「文学的アメリカニスモ」americanismo literarioとは、このような自己領有の成果であり、つまりは接触領域の産物なのである。[☆4] いまなおくりかえされている「文学的アメリカニスモ」の紋切り型である〈現実の驚異的なもの〉や〈魔術的リアリズム〉といった諸表象。これらはみな、西洋の言説の内部で表象された非西洋であるラテンアメリカについての文化表象が、ラテンアメリカの言説空間に自己領有されたことによって生み

☆3 落合 一九九六。
☆4 Pratt 1992: 172-89. González Echevarría 1994: 227-35.

だされたものにほかならない。[☆5]

さて、それではここで、「文学的アメリカニスモ」の初期的作品のひとつといってよいであろうテクストに注目してみることにしよう。一九九八年の段階で「今日なお快楽をもって読むことのできるほんのひと握りの十九世紀の作品のひとつ」[☆6]と評されている作品、『文明と野蛮あるいはファン・ファクンド・キローガの生涯』(初版一八四五年、サンティアゴ・デ・チレ、以下『ファクンド』と略称)である。著者のドミンゴ・ファウスティーノ・サルミエントは、十九世紀前半のアルゼンチンの独裁専制政治や経済的な後進性をもたらした理由を、現地の民衆、とりわけガウチョ(牧童)の独特な精神性に求め、その独特な国民的心性をつくりだした要因のひとつは現地の広大な大地にあると主張した。自然的風景は、アルゼンチンの国民性をつくりだす鋳型として位置づけられたのだ。そうであるからには、『ファクンド』における大地の記述は、たんなる舞台装置や背景であるはずはなかった。

『ファクンド』では作品の冒頭から、アルゼンチンの広大な風景を説得的に描きだすために心血が注がれている。なかでも重要視されているのがパンパの風景である。「平らで毛深く、無限で境界線も認められず、めだった起伏のない額をそびやかしている」パンパは、「大地のなかの海のイメージであり、地図に描かれているままの大地である」とのべられている。[☆7]「地図に描かれているままの大地」とは、きわめて象徴的な表現だろう。つとに指摘されてきたように、『ファクンド』を執筆していた段階で、サルミエントはいまだかつて一度たりとパンパを

☆5 Pratt 1992: 195-97. 柳原 一九九四年。
☆6 Martin 1998: 33.
☆7 Sarmiento 1889: 20-21.

じっさいにその目でみたことがないからである。パンパはおろか、北部の熱帯や高地にも、中部のセルバ地域にも行ったことがなく、つまりは生まれ育ったアンデス地域の麓に位置するクージョ地方の外に足をふみだしたことはない。にもかかわらず、なぜ『ファクンド』で自然の風景や地方の風俗を描くことができたのか。そこで重要な役割をはたしたのが、ヨーロッパ人の書いた旅行記や地理事典といったテクストであった。

サルミエントは、『ファクンド』を執筆する以前から旅行記の熱心な読者で、旅行記を参照し、そこからさまざまな情報や表象をみずからのものとし、そうしてあらたに旅行記を執筆する経験をつんでいた。『ファクンド』を上梓する四年前、一八四一年九月二日付けのチリの『メルクリオ』紙に書いたエッセイ「バルパライソへの旅」のなかで、すでにサルミエントは、フランス人マルト＝ブランの書いた『世界地理事典』などの事典のたぐいや旅行記をもちいて、みずからの旅を叙述している。☆8 そうした鍛錬をつんだすえに書かれたのが『ファクンド』であった。

ヨーロッパ人の書いた旅行記を読んでその表象をみずからのものとしつつ、アルゼンチンの風景を想像し、その想像を膨らませて『ファクンド』は書かれた。しかしやがてはサルミエント自身、あたかもかつて実際にパンパを目にしたことがあるかのように錯覚してしまったと告白している。

サルミエントが生まれてはじめてパンパを目撃したのは、『ファクンド』を上梓した六年後、

☆8 Prieto 1996: 15961.

のこと。十七年間におよぶファン・マヌエル・デ・ロサス将軍の独裁政権に反旗をひるがえした、エントレリオス州知事フスト・ホセ・デ・ウルキーサ将軍ひきいる反乱軍に参加するために、亡命先のチリから一路エントレリオスにむかったときのことだった。反乱軍の隊とともにパラナ川を渡ったサルミエントは、そのときはじめてパンパを目のあたりにしていた。

> 大地におりたち馬に乗るまでに数分とはかからなかった。パラナ川の岸辺の馬上から、ゆるやかに起伏しながら地平線に消えゆくまで無限にひろがっていくパンパを、『ファクンド』で描いたパンパを、すでに直感的に感じられていたパンパを生まれてはじめて目にしていた！　パンパをじっと眺めるためにわたしは立ちどまった。もしそのとき、馬の蹄でもって諸都市の文明的な制度を衰微させるべく、四十年前〔の独立戦争期〕に騎手を放ったこの手におえないパンパをまず征服し、剣の先で服従させることがなによりの先決事項でなかったならば、ケピを脱いで彼女《パンパ》に敬意を表したろう。☆9

ここで重要なのは、パンパを見るという体験を経たことがないにもかかわらず、あたかも経験したことがあるかのように認識されているという点である。さらにこの十七年後、アルゼンチン大統領に選出されたさいの祝賀パーティの席上でも、サルミエントはこのように発言している。

☆9　Cit. Sarmiento 1929: 67.

かつてわたしはある本のなかで、パンパを見たことがないのに、生き生きとした表現でその大地を描いたものでした。じっさいにその地を目にすることになったのはそのずっと後のことで、内戦にまきこまれ、めぐりめぐってサンタフェ州サンロレンソで、蒸気船の甲板から下草に覆われた平野をはるか遠くに眺望したときのことです。船を下り大地をふみしめると、パンパはまさに想像していたそのままの姿で目のまえにひろがっていました し、牧草を渡ってきては鼻孔をくすぐるひんやりとした匂いさえ、あの本を書いているときにはすでに五官を刺激していたかのような錯覚に襲われてしまったほどです。[☆10]

パンパを目撃する体験は既視体験として、また、パンパとのはじめての遭遇は再遭遇として語られてしまっている。ここでは、旅行記を読む経験をつうじて領有した素材をもとにあらたなテクストを編むという一連のテクスト行為が、まずもって実際の経験に先だって存在し、現実の経験は、そのテクスト行為の派生ないしは模倣として認知されるという転倒がおこっている。一見したところきわめて特異な認知行為のようにおもわれるが、じつはこうした認知のしかたはしごくありふれている。旅行先の風景を絵はがきとそっくりだと喜んだりがっかりしたり、ガイドブックの説明をたよりにみつけた光景をガイドブックとはちがうと憤るなどの体験は、おそらくだれしも一度は通過したことがあるだろう。

☆10 Sarmiento 1950-XXI: 251-52.

　これらはすべて、あらゆる現実認識の根源にテクストをおき、人間が現実とむきあうさいの規範的指示をテクストに求める所作である。サルミエントの場合、『ファクンド』を書いたという体験が介在しているために、あたかもなんの手がかりもなくパンパを描き、そこで描いた風景が根源的な経験であるかのように錯覚されているが、むろん執筆行為には、旅行記などのテクストを参照する行為が先行している。このように規範的指示をテクストに求めるというテクスト的態度textual attitudeこそは、ドン・キホーテやカンディードを例にあげつつ、『オリエンタリズム』のなかでサイードが論じていたものである。[☆11]

　テクスト的態度がもっとも効果を発揮するのは、未知なるものと出会うときである。テクスト的態度の構えのなかでは、未知なるものとの遭遇は、テクストによってすでに経験ずみのことがらとおなじかその変種にすぎなくなり、未知なる対象から非親和的な他者性はとりのぞかれ、テクストのコピーとして認識のうちにとりこまれる。そうなることで、未知なる現実の経験はうまく手なづけられるのだ。サイードはそのメカニズムを、〈オリエント〉を例にあげながらつぎのように説明している。「オリエントをめぐる知の体系において、オリエントは空間というよりトポスであり、ひとくみの参照系であり、もろもろの特徴的なものが集積したものであり、あるひとつの言葉の引用や、テクストの一断片、オリエントについて書かれただれかの叙述からの引用文、あらかじめ抱かれていたいくばくかの心象、あるいはこれらがすべてまざりあったるつぼのなかにその起源をもっているようにおもわれる。オリエントにかんする直

☆11　Said 1978: 92-94.

接的な観察や状況の叙述といったものはすべて、オリエントについて書かれたものによって提示される虚構であり、しかしながら、つねにこれらのものは他の種類の体系的な諸作業にとってまったく二義的である」[☆12]。テクストの読みによってひとつの領域を画し、そこに意味を埋めこむことによって、そこを想像的な空間として外在化させる構造に着目するなら、ここでいう「オリエントをめぐる知の体系」とサルミエントにおける「パンパをめぐる知の体系」の構造は、まったく同質である。つまり、『ファクンド』におけるパンパとは、パンパについての諸テクストによって提示された、あるひとつの虚構なのである。

〈オリエント〉化されるアルゼンチン

ところで、奇妙なことにサルミエントは、パンパの光景をオリエンタルな風景として描いていた。

> 他方で原野のこのひろがりは、内陸の生にアジア的とでもいうべききわだった色彩を刻印する。大地の下草のあいだから煌々と輝く月が静かに昇るのを目にするたびに、ヴォルネの『パルミュラの遺跡』の描写にあった、東の満月がユーフラテス川の平らかな岸辺の仄青いうえに昇ったという一節を機械的に口にしながら、わたしはなんども月に挨拶したものだった。そしてたしかに、アルゼンチンの孤独には、なにかしらアジア的な孤独の記憶

☆12　Said 1978: 177. 強調はサイード。

を喚起するものがある。精神は、パンパと、ティグリス＝ユーフラテス川にはさまれた原野とのあいだになにがしかのアナロジーを、また何ヵ月もかけてブエノス・アイレスまでたどりつくためにアルゼンチンの無人の大地をよこぎる孤独の商隊と、バグダッドやイズミールにむけてすすむ駱駝のキャラバンとのあいだに、なんらかの親族関係をみいだすのである。☆13

「アジア的」と形容されることによって空間的属性をはぎとられ、純粋理念的な類型としてのアジアの属性がなんの前提もなく導入されたうえに、さりげなくイタリック体で強調されたフランス語の断片が引用されることによって、パンパの風景はいっきに〈オリエント〉にかんする膨大な知の体系へと接続され、その知のネットワークのなかで理解される。サルミエントにおいては、パンパをめぐる知の体系とオリエントのそれとが置換可能であることが、ここに見事にしめされているのである。

それにしても興味深いのは、コンスタンタン・フランソワ・ヴォルネの詩の一節を口にしながら、想像上のパンパに昇る月にむかって「なんども挨拶した」というくだりである。あたかもこのときの「挨拶」は、サルミエントの自発的な行為であるかのようにみえるが、じつはそうではない。ヴォルネの一節が「機械的」に口にのぼってこなければ、月に敬意を表するなど常軌を逸した行為だからである。つまりサルミエントがここで敬意を表した対象は、月それ自

☆13 Sarmiento 1889: 23-24. 強調はサルミエント。

体というより、月を媒介に再現されたヴォルネのテクストのほうである。というより、ヴォルネの引用文は、その引用文が属しているオリエントをめぐる知の体系を暗黙のうちにさししめし、その知の体系のなかで表象されてきた崇高なものへの敬意の念を喚起することをつうじて、月に敬意を表するようサルミエントに命じている。この命令があってこそ、「なんども月に挨拶」することは異常な行為ではなくなるのである。同様に、サルミエントの「精神」がパンパとメソポタミアのあいだに「なにがしかのアナロジー」をみいだすのも、また牛車の商隊と駱駝のキャラバンのあいだに「なんらかの親族関係」をみいだすのも、そうした類比関係をみいだすよう、ヴォルネのテクストによってさしむけられたからにほかならない。フーコーにならっていえば、サルミエントにとって、ヴォルネのテクストは、あるひとつの「義務」devoirである。サルミエントがパンパをまえにしてなにをいうべきか、どうふるまうべきか、どのような記号をパンパにあたえなければならないかといったことは、サルミエント内部の自発的意志や感情の純粋なあらわれとして出来するのではなく、サルミエントの参照するテクストによって指示されているのである。[☆14]

ヴォルネのテクストにかぎったことではない。たとえばトゥクマン州の風景については、そこを旅したイギリス人旅行者のテクストからの文字どおりの盗用が、その地方をオリエンタルなものとして可視化している。サルミエントによれば、「熱帯地方のトゥクマンでは、自然はそのすばらしく豪華な衣装を誇示している。それは地球のどこにも競争相手をもっていないア

☆14 Foucault 1960: 60.

メリカ大陸のエデンの園である」し、また「地表を覆っている森は原始的であるというものの、その森ではインドの壮麗さがギリシアの気品を身にまとっている」。さらに読者にむかって、「もしかしたら諸君は、これらの描写が『千夜一夜物語』や東洋の妖精物語からの盗作とおもうだろうか」と問うている。[☆15] たしかにそれは「盗作」にちがいなかった。ただし、『千夜一夜物語』や「東洋の妖精物語」からの直接的な「盗作」ではなかったが。

じつはこれらの叙述は、イギリス人ジョーゼフ・アンドルーズ大佐による叙述の焼きなおしとおもわれる。一八二〇年代にラプラタ地域にやってきた数多くの鉱山会社のひとつであるチリ＝ペルー鉱山協会に委託されて、一八二五年にアルゼンチンにやってきたアンドルーズは、翌年にかけておこなった旅の記録を、『ブエノスアイレスからコルドバ、トゥクマン、サルタ、ポトシー、カランハを通ってアリカ、さらにサンティアゴ・デ・チレとコキンボへの旅』と題した二巻本として、ロンドンのジョン・マーリー社から一八二七年に出版している。このなかでアンドルーズは、トゥクマン州の豊かな植生に驚嘆してつぎのような言葉でほめたたえていたのだ。「イギリスの村のしみったれた公園よりもずっとすばらしく、またひとつとしておなじもののない多様性と威厳をたたえた山々が背後にひかえているこの場所には、ミルトンのエデンの描写がいかにもそぐわしい」[☆16]。さらに、「オレンジの樹々はたわわに実を結び、その黄金の実で燦然と輝く光を放っているといっても過言ではないほどだった。ひとりのイギリス人にとっては、『千夜一夜物語』か、あるいはなにかおとぎの想像の土地が実在しているかのよう

☆15 Sarmiento 1889: 15960. 強調は林。
☆16 Andrews 1971-I: 222. 強調は林。

だった」[☆17]。また、「影と水が調和している緑の穹窿」が、「雲ひとつない蒼穹や屋外の熱い強烈な陽光と、すばらしく美しいコントラストをなしている」情景に感嘆しつついうには、「ここでは、ギリシア詩人が身体をあたえられ、もっとも空想的な熱狂者の夢が実現されているかのようだった。森の妖精たちのなんという住まいであることか！」[☆18]。

失われた楽園《エデン》との類似！　ギリシア的なものの想起！　『千夜一夜物語』や妖精の連想！　サルミエント自身は、トゥクマンの自然を描いた先の部分でアンドルーズを模倣しているとはひとことも言っていない。アンドルーズの名はちらりとあげられているだけだ。にもかかわらず、イメージ連鎖のこの共通性をどう解釈すればいいのか。たんなる偶然とでもいうのか？　否。これは、可視化された風景の明証性は、テクストの外部に存在している風景やその風景を見ることの経験から直接的にもたらされたのではなく、間テクスト性に依存していることをしめす実例なのである。

ところで、サルミエントによるトゥクマン叙述とアンドルーズのそれをひきくらべてみると、サルミエントの叙述には、盗用先であるアンドルーズのテクストではもちいられていない余分な比喩がつけくわえられていることに気づくだろう。たしかにアンドルーズは『千夜一夜物語』をあげ、ギリシアの詩人や森の妖精に触れてはいる。だがそこ止まりである。しかしサルミエントは、その先にまで比喩を拡大しているのだ。すなわちギリシアはたんなるギリシアではなく「インドの壮麗さ」をまとったギリシアであり、妖精はイングランドのではなく「東

☆17　Andrews　1971-I: 226. 強調は林。
☆18　Andrews 1971-I: 227-28. 強調は林。

洋の」妖精といった具合に。一見したところとりたてて意味をもたないこのような比喩の過剰のなかでこそ、トゥクマンの風景はオリエンタルなものへと仕立てなおされるのである。アンドルーズのテクストを逸脱までして、サルミエントは〈オリエント〉を参照した。

それにしても、〈オリエント〉にたいするこの熱望は、いったいどこからくるのだろうか。もうひとつ別の例をみてみよう。サルミエントは、アンデス山脈のふもとにあるリオッハ州の風景をこんなふうに描いてみせている。

パレスティナの風景とリオッハの風景が似かよっていると、かねてからわたしはかんがえてきた。赤みをおびていたり黄土色だったりする大地の色や、いくつかの地域にみられる旱魃や天水井戸にいたるまで、また、せきとめられて泥で濁ったヨルダン川の流域に育つ、みずみずしい実をたわわにつけたオレンジの樹や葡萄蔓、いちじくの樹にいたるまでがそうである。山々と原野、豊沃と不毛、灼熱にやかれた岩だらけの山と、レバノン杉ほどにも巨大な植生で一面におおわれた暗緑色の丘、といった奇妙なくみあわせがそこにはある。なかでもオリエンタルな連想をわたしにもたらすのは、リオッハの地方民の真に族長的な容貌である。今日でこそ、きまぐれな流行のおかげで、東洋の民衆がもっている太古のスタイルをまねて顔全体に髭をはやしているひとびとを目にすることはさほど新奇ではない。しかし、だからといって、おおくは胸にかかるほど伸びた髭で顔全体を覆っていた、あるいはいまなお覆っている民がスペイン語を話す様子には、驚嘆せずにはいられないだろう。寂しげで寡黙でいかめしく狡猾なアラブ的な民が、ときにはエンガディの隠者のように山羊の革をまとってロバにまたがっている民が、スペイン語を話しているのであるから。☆19

リオッハといえば、サルミエントの生まれ故郷サンフアンに隣接する州である。幼いころは叔父に手をひかれて、のちには行商の手伝いをして地方一帯を歩きまわったサルミエントであれば、馴染み深い土地のはずである。しかし、現実に経験していようがいまいが、リオッハは、はるか遠い古代オリエントの民のイメージで埋めつくされてしまう。

はたして、こうしたリオッハの表象はどのような読者にむかって投げかけられようとしていたのだろう。サルミエントが『ファクンド』を執筆・出版した亡命先の、そしてまたかれとおなじようにロマン主義的な文学や旅行記になじんでいた、チリの知識人にたいしてであろうか。隣国ながら気候や植生の異なるチリにあってアルゼンチンを表象し、その表象に権威をあたえるためには、西洋人の書き手によるロマン主義的な表象がもっともふさわしかったのだろうか。むろんそうかんがえることも可能だろう。

しかしながらわたしは、むしろこれは、サルミエント自身がアルゼンチンの風景をめぐる表象を自己領有した、そのヨーロッパの言説にたいする、表象の投げかえしの所作なのではない

☆19　Sarmiento 1889: 79-80.

かとかんがえる。それを示唆しているエピソードが、サルミエントがパリから友人のアントニオ・アベラスタインにあてでしたためた手紙のなかにある。

抵抗の身振りと承認欲望

『ファクンド』を書きあげた三ヵ月後、公教育視察の名目でチリ政府から派遣されたサルミエントは、二年四ヵ月におよぶ欧米諸国の旅にでた。一八四六年九月四日付けの書簡では、チリを出発する直前、親友の公教育省大臣マヌエル・モントにむかって、パリに「侵入する」ための「鍵」をふたつ所有していると言ったとのべている。ひとつは「チリ政府の公的な推薦状」だが、もうひとつの鍵というのが『ファクンド』であった。「わたしはこの本を信頼しています」と自信のほどをつけくわえながら、サルミエントはパリに到着してすぐ「二番目の鍵を試してみることにした」という。

そのさい最初につきあたった難問は、翻訳であった。サルミエントによれば、「わたしの本はまずいスペイン語で書かれていたうえに、スペイン語はパリでは知られていない言語で、ロペ・デ・ベガやカルデロンの時代にしか話されておらず、その後はもろもろの思想を表現するには役にたたない方言に退化してしまったとパリの知識人たちは信じているのです」。そこでサルミエントがとった方法は、百フランの大金を支払って「オリエンタリスト」orientalistaに部分訳を依頼することだったが、[☆20]二ヵ月経っても返事がない。結局、翻訳の企ては断念して、

☆20　Sarmiento　1949V: 130.

手書き原稿を直接『両世界評論』にもちこんだ。一週間後にもういちど来るよう申しわたされたサルミエントは、そのときの気持ちをこう表現している。「パリで開始して、五階の、とある屋根裏部屋から飛翔しはじめた作家たちのあの永遠の歴史はここにはじまるのです。ティエールも、ミニェーも、ミシュレも、その他たくさんのひとたちもここからはじめたのだと、気をひきたたせるために自分自身に言ったのです。だれしもみな、どこかの編集部の扉のまえで待ちぼうけをくい、屈辱にこわばった心を抱えて帰路についたのだと。そしてまた、もどってきたのだと。翌週の木曜日にふたたびやってきておずおずとノックすると、『両世界評論』の怖ろしいキュクロプスが目をむき、あたりをみまわし、わたしに目をとめると、扉を閉めながらきついひと突きをわたしにむかって投げつけたのです。『まだ読んでいません。来週の木曜日までごきげんよう』」。[☆21]

だが、ついに編集部の扉はサルミエントにむかって開かれた。そのときの高揚感は、このように書きしたためられている。

> なんという豹変ぶりでしょう！〔キュクロプスのひとつ目しかもっていなかった雑誌編集長の〕ムッシュー・ビュローは、今回は両目をもっていて、そのうち片側は暖かく敬意をたたえてわたしを見つめ、もう一方の目は見てはいなかったけれども、尻尾をふる子犬のように瞬きして歓迎してくれました。わたしにむかって熱狂的に話しかけ、接見を厳粛に執りおこなう

☆21 Sarmiento 1949-V: 131-32.

のを待っていた他の四人の編集者たちにわたしを、わたしにかれらを紹介してくれました。わたしは手稿の著者で（お辞儀を一回）、アメリカーノで（お辞儀を一回）、経世論者で、歴史家です……。かれらはわたしに挨拶し、何度もお辞儀をしたのです。著書について話がすすみ、そこにスペイン語の本のコント・ランデュ〔読解〕を任されている編集者がいて、かれがその件について検討するために作品全体を読みたいと申しでました。ムッシュー・ビュローはわたしにむかって、なんとかアメリカ〔南米〕について執筆してもらえないだろうかと、低姿勢の態度で嘆願してきました。『両世界評論』という看板を掲げているにもかかわらず、有能な人材がいないため「両世界」の名を裏切っているという意見でわたしたちは一致しました。残念ながら、わたしの本についての記事は二ヵ月後にならないと掲載できないとのことでした。他のおおくの記事のためにコラムが割かれてしまっているからなのですが、しかしそれでも〔掲載予定に〕変更をくわえてくれることになったのです。このことでわたしは満足しました。そのときからいまこうして手紙をしたためている瞬間までの四週間というもの、あの雑誌社との往復で時間がすぎてしまいました。

　でも、あの記事は、わたしが作家たちに自己紹介するために必要なのです。パリの知的世界にとっては、著者か王である以外の肩書きは存在しません。わたしは、まるで奇妙な鳥を見るのとおなじように、ミシュレやキネー、ルイ・ブラン、ラマルティーヌに会いたくはなかったので、かれらに紹介されたいとはおもいませんでした。かれらに自己紹介するためには、肩書きがほしいのです。そうすればかれらにも、わたしが旅行者の好奇心を満足させたいわけではないことがわかるからです。[☆22]

欧米諸国への旅にでるまえから、書いたばかりの本を、パリに「侵入する」ための「鍵」とみなしていたという事実からあきらかなのは、すでに『ファクンド』執筆の段階から、ヨーロッパないしヨーロッパの知的世界の代表であるパリが強烈に意識されていたことである。

このアベラスタインへの書簡では、西洋にたいする強烈な意識は、表面的には引き裂かれているようにみえる、異なったふたつの構えないし感情として析出されている。一方でサルミエントは、キュクロプスの怪物のアナロジーをもちいてパリの著名な雑誌編集者を描き、いったんはその怪物から邪険にあつかわれたが、最後には「低姿勢の態度で嘆願」させるのに成功し、「尻尾をふる子犬のように」怪物を手なづけることができたと述懐している。ヨーロッパ近代の知的世界を巨大な怪物とみたててその他者性を強調し、権威をめぐる象徴的な闘いをつうじて、その怖ろしげな怪物を飼い慣らしたとする記述には、ヨーロッパの知的世界へのあからさまな対抗意識がしめされていよう。しかもそれは、同等の力をもった者どうしの対決ではなく、圧倒的な力をもつ者ともたない者とのあいだの対決である。つまりそれは、あたかも植民国の知識人と被植民国側の知識人という、植民地主義的な関係の比喩になっているのだ。『ファクンド』の著者であるとの自己紹介についで「アメリカーノ」だといってお辞儀をした

☆22 Sarmiento 1949V: 132. 括弧内・強調はサルミエント。シャルル・ド・マザードによる『ファクンド』の批評は、同年十月一日に『両世界評論』に掲載され、サルミエントはその知らせをバルセローナにいるときにうけとった(Bunkley 1952: 258)。

のも、西洋をまえにした非西洋側の自己差異化の表明にほかならない。

ところが他方でサルミエントは、この怪物に認められることによって、自分の憧れるフランスの歴史の大家たちに受けいれられたいという憧憬をあらわにしている。承認されるための回路として、まずサルミエントがとろうとしたのが、「オリエンタリスト」による『ファクンド』翻訳の作業であったというのは、きわめて意味深長だ。〈オリエント〉の表象が、西洋にとって未知のものを親和的なものにするというだけでなく、西洋から承認されるためには、〈オリエント〉をめぐる知の体系による媒介が必要とされたことを、それは象徴的にしめしているからである。サルミエントが『ファクンド』のなかでくりかえし〈オリエント〉の表象をもちいたのは、偶然でもなければ、ロマン主義的叙述につきものの意匠の借用でもなかった。西洋に、『ファクンド』を、「アメリカーノ」の代表としての自分自身を承認してもらうためには、西洋が憧憬の対象にしてきた〈オリエント〉の回路を介するのがもっとも有効だったからである。だからといって、〈オリエンタリズム〉がどこにでもあるなどとここでわたしは言いたいわけではない。そうではなくて、遍在しているのは、西洋に対抗しながらその一方で承認されたいという、非西洋世界の知識人の強烈な願望のほうである。〈オリエンタリズム〉は、その承認欲望を満足させるための、ひとつのきわめて有効な回路として機能してしまうということである。

おそらく、抵抗しながら、なおかつ承認されたいと欲望するというこの二重性こそが、『ファクンド』がアルゼンチンの、ひいてはラテンアメリカの正典的テクストとして機能してきた最大の理由である。そしてその理由の中心には、アルゼンチンの政治史や文化史の真の主人公として描かれている土着民ガウチョの表象に結晶されているような、アルゼンチンの国民主義的同一性をめぐる言説の本質的な二重性が存在している。

土着表象の二重性

そもそも、『ファクンド』のなかで、ガウチョは、まずもって国民国家建設のために必要な西洋的な諸価値をしりぞける〈遅れた〉土着民として描かれていた。怠惰を愛すガウチョは、先住民インディオと黒人とアラブ化した西洋人であるスペイン人という、あらゆる産業活動において無能な三人種が混じりあってできた、進歩への欲望のまったく欠如した退化人種であり、広大な原野に個々ばらばらに生きているため未開なメンタリティしかもっておらず、動物的な本能のおもむくまま粗暴にふるまい、民主主義や自由主義といった都市の近代的な諸価値を理解しない野蛮人で、文明へと導かれ教化されなければならない対象とされている。

しかしながら、奇妙なことに、このような侮蔑的な表現でこきおろされる一方では、近代西洋世界がすでに失ってしまった野蛮な神秘を体現する存在として描かれている。

都市の定住型の人間を目にするときにガウチョの内にわきあがる同情的な蔑みの念がどの

ようなものか知るためには、ガウチョの顎髭に覆われた顔を、アジア的なアラブのように重々しく厳粛な表情を見なくてはならない。ガウチョにとって都市の人間とは、たしかに何冊もの書物は読んでいるかもしれないけれど、獰猛な雄牛を倒して息の根をとめるすべを知らず、徒歩でだれの助けも借りずにひろびろとした原野で馬を手にいれることなどできなかろうし、またジャガーの行く手をはばんだこともなく、一方の手に短剣を握り他方の手にポンチョを巻きつけ、そのポンチョをジャガーの口におしこむすきに短剣でジャガーの心臓を刺し貫いて足元に倒したことのない人間である。相手の抵抗をうち伏せ、自然に優越していることをつねに態度でしめし、自然に挑戦してうち負かすこの習慣は、個人の価値意識と優越性の感情を驚異的なまでに発展させるのである[☆23]。

これが、自然に優越しつつ共生する神秘的な文化主体、ガウチョの形象である。一見したところ、さきほどの侮蔑的な像とは矛盾しているようだが、こうしたポジティヴな土着的文化像は否定的な文化像とまったく矛盾しないどころか、相互に補完しあうひとつの完璧な国民的同一性の言説となっている。

独立戦争以来、アルゼンチンの国民的同一性は、つねに圧倒的な外部を想定し、その外部への対抗的同一性として構成されてきた。独立戦争期には宗主国スペインに対抗しうるアメリカ大陸的なるものが希求されていたが、『ファクンド』が書かれた十九世紀なかばには、帝国主

☆23 Sarmiento 1889: 32.

義を進展させつつあった近代ヨーロッパに対抗しうる近代アルゼンチン的なるものが追求されはじめた。この時期、国民国家を建設していくためにはアルゼンチン社会は近代化されなければならず、そのためにはガウチョに西洋的価値観が植えつけられなければならないとされていた一方で、ガウチョは、西洋とは異なる独自な文化を保持する主体たることが期待されたのだった。〈近代性／西洋性＝普遍性〉と〈土着性／南米性＝特殊性〉という矛盾するふたつの要件が、土着文化の主体たるガウチョにおいて満たされなければならなかったというわけだ。

この困難なアジェンダを解決したのが、アメリカ大陸の神秘と資本主義世界から自由な精神を実現する、〈野蛮〉で〈近代化されなければならない〉ガウチョ文化の表象であった。これがなぜ近代ヨーロッパに対抗する近代アルゼンチンの表象として成功するかといえば、まず第一に、たとえヨーロッパの近代化モデルを導入して表面上は西洋化しようとも、本質的には歴史を超えて変化することのない、固有な民族精神を有する文化としてガウチョ文化を想定するからである。そしてなにより、オリエンタルな表象に象徴される近代西洋のノスタルジックな言説によりそい、その言説を補完しつつ、懐旧趣味と異国趣味の回路をつうじて近代西洋の言説内部で承認を受ける文化として自己表象するからである。

そもそも近代ヨーロッパのノスタルジックな言説は、植民地主義的言説ときわめて親密な関係にあると、人類学者レナート・ロサルドは言っている。[☆24] すなわち、近代欧米社会が、文明化の使命という大義のもとにさまざまな破壊や変容をもたらしておきながら、みずからの破壊し

☆24 Rosaldo 1993: 6887.

た文化を「伝統的」で「無垢」で「純粋」なものとして神秘化したうえでそれに強く憧れ、その神秘な文化が文明化の過程で破壊され消滅していくことを嘆き悲しむ所作。ロサルドは、この植民地主義的所作を「帝国主義的ノスタルジー」と呼んで批判しているが、こうした欧米世界の帝国主義的なレトリックを、非西洋世界のテクストである『ファクンド』が自己領有し、自分自身の文化を表象するという奇妙なねじれがそこにあることは見逃せない。

このねじれこそが重要なのだ。近代ヨーロッパにたいする対抗的同一性としてしめされた審美化されたガウチョ文化像とは、欧米世界の植民地主義の暴力を消去し無害なものにする、ノスタルジックな言説の内部で構築された他者＝非西洋の表象へと自己同一化し、そのコロニアリティを内面化することをつうじて、近代ヨーロッパに認められたいという、ひそかな認知の欲望も満たしてくれるものだからである。近代西洋世界が資本主義社会の進展とともにすでに失ってしまった神秘的な未開文化を対比させることによって、西洋の懐旧趣味的なエキゾティシズムを満たす。そうすることで、アルゼンチンも自己満足的に満たされるという植民地主義的な共犯関係が、『ファクンド』の神秘的なガウチョ文化像をささえているのである。人種主義をめぐって酒井直樹がいっているように、植民地支配者側のナルシシスティックな欲望を満足させてやりたいという転移的な欲望に被支配者側がとらわれてしまうという事態、言いかえれば「自己認知」という自己同一性へのノスタルジックなこの欲望こそが、じつのところ「脱植民地化の過程で一番最後に残る最も困難な問題」なのである。[☆25] エキゾティックな土着的表象

☆25 酒井 一九九六・二二六〜二二八。

を構築する「文学的アメリカニスモ」や国民主義的文化表象の問題も、ひとえにこの点に結晶されているといってよい。

換言すればこういうことである。まず、ヨーロッパとはどれだけ異なり特殊であるかをいいつのろうとするあまり、〈ヨーロッパ〉やヨーロッパ的なものと同一視された〈近代性〉といった圧倒的な外部を構成し、その外部との対抗関係のなかで構築された〈特殊なわたしたちの土着的なもの〉を肯定する。だが同時に、そのように肯定するためにはつねにその圧倒的な他者を必要とするというしかたで、植民地主義的な言説構造が維持されてしまう。そういった第一の問題点。さらには、対抗的に構築された〈特殊なわたしたちの土着的なもの〉の正統性を主張すればするほど、その自己同一性に存在理由をあたえてしまっている〈西洋〉や〈近代〉の力が、圧倒的で絶対的であることを再確認してしまうという第二の問題点。そしてなにより、接触領域における欲望の転移がもたらす、ナルシシスティックな〈自己〉への回帰という問題。すなわち、コロニアルな言説構造の内部で構築された〈特殊なわたしたちの土着的なもの〉を愛玩することによって、転移的な構造の内部で、ほかならぬ植民地支配者側の欲望そのものを自己領有することになってしまうという第三の問題点。〈特殊なわたしたちの土着的なもの〉をめぐる言説の問題点は、この三点に凝縮されると言ってよいだろう。

第二の自己領有――歴史叙述と修辞性

ここまでのところでは、もっぱら西洋の植民地主義的言説の自己領有という側面から『ファクンド』を解読してきた。西洋の植民地主義的言説と非西洋の国民主義的言説が接触する言説領域において、西洋から自己差異化するための対照項としてであれ、みずからの「文化的自画像」を描くための源泉としてであれ、ラテンアメリカの国民主義的言説がいかに西洋の植民地主義的言説を必要としていたかを検証してきたのであった。

だが、忘れられてはならないのは、このように西洋（とりわけイギリス）の植民地主義的言説からの自己領有をおこなうその一方で、『ファクンド』は、現地の被支配層の口承的表現形態を自己領有していたことである。口承的表現は、『ファクンド』におけるナショナルなものの探究という企てにとって、欠くことのできないものだったからだ。

あらゆる国民主義的な言説は、国民国家に固有な起源を探究し、その起源から派生する有機的統一体として国民や国民文化を構成し、その真正性をくりかえし確認していくものである。伝統という概念が必要になってくるのは、それが国民的起源の特殊性とその連続性を保証しているとみなされていたからだ。ラテンアメリカのクリオージョ知識人が被支配層の表現形態を必要としたのも、かれらの表現形態のなかに国民的伝統の雛形をみいだしたからである。

ラプラタ地域のクリオージョ知識人は、ガウチョの口承的表現に着目した。独立戦争期の知識人とは異なるしかたではあったが、サルミエントも随所でガウチョの口承的表現をテクストにとりこんでいる。むろんいうまでもなく、それがラプラタの国民主義的精神の古層を形成しているとかんがえていたからだ。とはいえここで問題にしたいのは、プラットが『帝国の眼差し』のなかでもっぱら関心をいだいている、口承的表現のテクストへのとりこみ作業それ自体ではない。これからみていこうとしているのは、テクストに領有されたあとのことがら、すなわちテクストに領有された他者の痕跡としての口承的表現の、テクスト内効果のほうである。

一読したかぎりでは、『ファクンド』に領有された口承的表現は、アルゼンチンの独自な国民性を析出させるための材料としてうまく消化されているかにみえる。だがしかし、より仔細に読んでみると、口承的表現を領有したことによって、このテクストのなかには奇妙なパラドクスが生じてしまっているのだ。そもそも国民的なものの構築に寄与しようとするテクストにおいては、なによりそれが「真正性をめぐる諸思想や起源についての統一的記述」（プラット）[☆26]になっていることが求められる。この「真正性」や「起源」を論じるために国民的文化伝統としての口承的表現が必要不可欠であったことは、すでにのべたとおりである。しかしながら、口承的表現をとりこむことによって、『ファクンド』でくわだてられていた「統一的記述」それじたいが浸食されかねない危険をはらんでしまったのである。テクストに領有された口承的な諸断片は、綜合的視点や有機的全体性のあらわれとしてテクストに縫いこまれているどころか、逆に、全体化しようとするテクストの企てを挫折させかねない危うさを露呈してしまって

☆26 Pratt 1992: 195.

いるのである。

　さしあたりここでは、国民的同一性の構築をめざすひとつの歴史叙述として『ファクンド』を読みなおすことからはじめよう。そのさいにまず確認しておかなければならないのは、口承的な素材を歴史叙述のなかにとりこもうとする『ファクンド』の営為は、サルミエントと同時代の他の知識人がいだいていた、あるべき歴史叙述のなされかたとは異なっていたことである。『ファクンド』の歴史叙述にたいしては、むしろ手厳しい批判がくわえられた。

　たとえば、統一主義派の知識人でサルミエントの友人でもあるバレンティン・アルシーナによる批判。いわゆる史実上の誤りを五十一か所にわたってあげつらう粘着質的な読みをおこなったうえで、にもかかわらず、たとえそれらの誤りを事実に即した記述におきかえたところで不十分だ、叙述全体にみられるひとつの「欠点」が正されないかぎり、あるべき歴史叙述にはなりえない、とアルシーナは、サルミエントにあててしたためた書簡のなかでのべている。

> 貴兄の作品には賞賛すべきことがらがたくさんあるのですが、そこには、ある全般的な欠点がみうけられるようにおもいます。誇張という欠点です。思考にというのでなければ、すくなくともいいまわしのなかに、おおくの詩があるのだとわたしはかんがえます。貴兄はロマンセや叙事詩を書こうとしているのではなく、現代のしごく興味ぶかい時期の、社会的、政治的、ときには軍事的でもある本当の歴史を書こうとしているのです。そうであ

るなら、微細な部分においても——できうるかぎり——厳密性や歴史的な厳格さから離れないようにしなくてはならないのであって、おおげさな表現はそれに反するのです。[☆27]

アルシーナにとって、歴史叙述の場は「本当の歴史」が書きしるされねばならない場である。歴史叙述の場においてめざされるべきは、真実の描写的復元である。真実を描写するにあたっては、専門領域内での科学的な処理——資料の徹底した検証と、できごとの正確にクロノジカルな配置づけ——がおこなわれなければならない。じじつアルシーナは、数値、年月日の確定や事件の前後関係などにかんする五十一の誤りをあげて『ファクンド』の正誤表を作成することによって、叙述に科学的な処置をほどこそうとしている。

アルシーナにとって重要なのは、厳密に処理された資料とその配置づけを、そのままのかたちで、よけいな手をくわえることなく、資料に即して実現することによって、事件のありのままのすがたを、じっさいにそうであったとおりに再現することである。厳密に検証された資料を時系列にそってならべていけば、事実は再現される。そうである以上、「詩」的な誇張といったものは原則として必要とされないばかりか、危険でさえあるだろう。それは資料が語ってくれるはずの真実の外部の作為となろうし、資料が写しだしているのとはちがう意味を生産していってしまうからである。

このようにかんがえるアルシーナであれば、批判をうけたサルミエントが、にもかかわらず

☆27　Alsina 1961: 34950.
強調はアルシーナ。

つぎのように言いはる理由はまったく理解できなかったことだろう。アルシーナから受けた「貴重なる論評」のうち、基本的なものについては、時宜にかない熟考を重ねた作品のためにとっておくつもりだとして謝意を表明しつつも（しかしながらこの文章が掲載された一八五一年版以後、「貴重なる論評」がとりいれられた大幅な修正改訂版が世にだされる「時宜」は永久にやってこなかった）、サルミエントは言う。「これほどにもかたちのぼやけた作品にふたたび手をくわえることによって、それが当初もっていたプリミティヴな相貌を失ってしまったり、統御しきれない概念の、みずみずしくも気まぐれな大胆さが消えてしまったりするのではないかとわたしは怖れる」、と。☆28

それにしても、多数の誤りを指摘され、全般的な「欠点」を批判されておきながら、このつつましやかにして不遜な返答は、いったいどうしたわけか。歴史叙述の誤りをおかしつつ、なおも尊重されようとしている「統御しきれない概念の、みずみずしくも気まぐれな大胆さ」とは、はたしてなにか。アルシーナあてジュンガイ（チリ）発一八五一年四月七日付けのこのおなじ書簡のなかで、作品の素材に地方ボスのファクンド・キローガをとりあげて、アルゼンチン全土に独裁を敷いたロサス将軍をとりあげなかったことの理由を説明しているつぎの文章に、おそらくその答えは示唆されている。

もろもろのできごとは、そこ〔ロサス独裁の歴史〕に書きとめられ、分類され、立証され、裏

☆28 Sarmiento 1889: 15.

づけられています。しかしながらそこには、それら複数のできごとをひとつに統合する一本の糸が欠けており、すべてのできごとをいっせいに観客の視界にさしむけたうえで、触知しうる前景と配されるべくして配される遠景がある、生きた絵画cuadro vivoにさまざまなできごとを変えるべき、生のひと吹きが欠けているのです。祖国の風景や陽光があたえる生彩が欠けているのです。おもいあがった弁士たちに沈黙を強い、恥知らずの権力者たちを黙らせる、数字計算からなる統計学のもたらす証拠が欠けているのです。それを試みるためには、その大地に問いただし、舞台となった土地を訪れ、共犯者が語るおもいもよらない新事実や犠牲者の証言、古老の思い出話や、心で観察する母親たちの痛ましい語りを聞かなければならないのです。目撃してはいても理解したわけではない民衆の、死刑執行人であると同時に犠牲者で、目撃者であると同時に当事者でもあった民衆の混乱したエコーに、わたしは耳を傾けなければならないのです[☆29]。

「生きた絵画」を提示しなければならないとするサルミエントが回避しようとした叙述こそは、現実におこったできごとを表示していると期待される資料として「書きとめられ」ていたり、専門領域内の規範にもとづいて「分類」されていたり、科学的に「立証」されていたり、「裏づけ」がとられていたりする資料を積みあげることによって、真実を再現しようとする叙述なのである。

☆29 Sarmiento 1889: 17. 強調は林。

とはいえ、そうした実証的な資料が全面的にしりぞけられようとしているのではない。「数字計算からなる統計学のもたらす証拠」は、「恥知らずの権力者たちを黙らせる」という重要な役割をもっていると言いそえられているのであるから。ただ、あくまで実証的な史料は、歴史叙述を完全なイデオロギー文書へと変えさせないための監視役としてもちいられるだけであって、叙述の素材として蒐集され、テクストの内部に自己領有されるべき対象は、「共犯者が語るおもいもよらない新事実や犠牲者の証言」、「古老の思い出話や、心で観察する母親たちの痛ましい語り」、「目撃してはいても理解したわけではない民衆の、死刑執行人であると同時に犠牲者で、目撃者であると同時に当事者でもあった民衆の混乱したエコー」といった、もろもろの〈声〉である。

さらにまたサルミエントにとっては、科学的な資料をどれほど蓄積してみたところで、最終的にそこにあるのはたんなる断片的な資料の山にすぎない。その資料の山がひとつの歴史叙述として提示されるためには、「生きた絵画」となって過去を表象するために資料をひとつに結びつける修辞の糸、すなわち「生のひと吹き」が存在しなければならず、断片的な個々の資料だけで過去を表象することは不可能である。

科学的に考証された史料ではなく、文学的なジャンルがとりこむような素材を蒐集しようとする。それればかりか、史料を結びつけて「一枚の絵画」へと変貌させる、叙述のレトリカルな側面にも注視しようとする。かくのごとき『ファクンド』の冒険。いや、冒険とのべたが、これは史料をめぐって解釈学的な問いが提起されている近年の歴史学の傾向から回顧しての、アナクロニスティックな言いかたかもしれない。むしろ厳密な史料検証こそが現実への接近方法であるとするアルシーナの立場こそは、アルゼンチンで十九世紀後半以降とられるようになった実証的手法による歴史叙述を先どりするものであった。

たとえば、十九世紀以降の歴史家たちが歴史叙述にたいしてとった、資料の集積がそのまま過去を再現してくれるものだとするかんがえかたは、それほど昔からあったものではないと、「事実を表象＝再現するフィクション」と題された論文のなかでヘイドン・ホワイトはのべている。ホワイトによれば、フランス革命以前には、歴史は文学の領域のもの、「修辞学とその一般に認められる〈虚構的〉"fictive"性質のひとつの支系」とされていた。なるほど十八世紀の理論家たちは「事実」と「虚構」を区別していたとはいえ、歴史が虚構的要素という混ざりものからまぬかれた諸事実の再現だなどとはかんがえていなかった。[☆30] とすれば、「ロマンセ」や「叙事詩」の混ざりものを含んでいるとアルシーナに批判されたサルミエントの歴史叙述は、むしろ十八世紀以前の叙述形式を継承するものだったと言うべきかもしれない。ただし、さらにホワイトは言っている。

歴史家が現実的なできごとをとりあつかっているのにたいして、小説家は空想的なできごとだけをとりあつかっているのかもしれない。だが想像上のであろうと現実のであろう

☆30　White 1992: 123.

と、表象＝再現の対象としてあつかうことのできる包括的な全体のなかに複数のできごとを溶かしこむ過程は、詩的過程なのである。（中略）加工されていない歴史的な記録や、歴史家が記録から抽出したできごとを年代順にならべたもののなかでは、事実は、となりあって関連するだけの諸断片の集積として存在しているにすぎない。これらの諸断片は、総体的な種類のでなく、個別的な種類のひとつの全体をつくるべくよせあつめられなければならないのである。☆31

それぞれの諸断片を蓄積し、ならべたところで、その記録の山をもってひとつの歴史と了解することなどできない。それを了解可能な歴史的対象としてあつかうためには、それらの記録を「ひとつの全体」のなかに溶解させなければならない。ホワイトがのべている「ひとつの全体」こそは、『ファクンド』のなかでサルミエントが叙述しようとしていた「生きた絵画」だといってよい。

過去の資料を「ひとつの全体」ないし「生きた絵画」のなかに溶かしこむことが「詩的過程」（ホワイト）であるからには、当然のことながら、叙述の場にある「多くの詩」（アルシーナ）は除去されることの不可能なものである。とりのぞかれてしまえば、『ファクンド』というテクストはみずからの存立条件を喪失し、解体を余儀なくされるからである。あれほど批判をうけておきながら、なおも全面的な修正改訂版の出されなかった理由は、おそらくはここにあった

☆31　White 1992: 125. 強調はホワイト。

のである。

法外性の消去

ところで、ガウチョの「エコー」(サルミエント)を自己領有しようとする営為は、認識論的には前述したことがらとは別の側面をさししめしている。

まず第一に、〈声〉は、表象＝再現というかたちをともなって記録されることによってはじめて、歴史がとりあつかうことのできる〈声〉となるのであって、表象＝再現されざるもの、記録されざるものは消えていってしまうということである。叙述の場ではかならず、消えるべくして消えていくものと、書きのこされるものとの弁別がなされる。書きのこされる〈声〉は消えていく〈声〉を表象＝代表することによって、あたかも唯一の〈声〉としての権利を主張するだろう。

しかしながら、その権利を保証しているのは、歴史的真実や現実といったような、叙述の外部にあるなにか別のものではない。〈声〉を再現している歴史叙述こそが、〈声〉を書かれたものとしてのこすことによって、〈声〉に、歴史的表象であるための権利を付与するのである。書かれた〈声〉を唯一の〈声〉にするのも歴史叙述であるなら、その唯一の〈声〉に他の〈声〉を代表させつつ、書かれざる〈声〉を忘却の彼方に追いやるのもまた、歴史叙述である。つまり、〈声〉そのものの実在の明証性を、史料的テクストの外部に求めることは不可能であるし、またひとつの〈声〉を史料的テクストに書きこむことは、同時に他の〈声〉を隠蔽することにもなる。このように、口承的表現を領有する営為とは、史料的テクストにおける歴史的真実をめぐる認識論上の困難を析出せざるをえないものなのである。

第二点としては、書きのこされた〈声〉にしたところで、他者の〈声〉は、叙述者サルミエントのくわだてる歴史的な叙述の枠組みとしての、「生きた絵画」の内部で展開されることが前提されている。『ファクンド』が、「触知しうる前景と配されるべくして配される遠景がある、生きた絵画」を描きだそうとしている以上、カンヴァス上の諸素材は、前景と遠景が描きわけられ、調和的均衡をそなえた、遠近法的な秩序のもとに統べられていなければならないということだ。「〈他者〉の知──『ファクンド』におけるエクリチュールとパロール」という刺激的なエッセイのなかで、サルミエントのいう「生きた絵画」と、フーコーが提示する「生きた一覧表＝絵画」“tableaux vivants”[☆32]の類似性を強調しつつ、興味深い『ファクンド』論を展開しているフリオ・ラモスの言葉を借りれば、サルミエントがくわだてる「生きた絵画」とは、野蛮＝バルバロイ、すなわち外部的存在の異種混交性を叙述の秩序のもとにしたがわせようとする、「秩序だての実践」にほかならない。[☆33]

またさらに第三点として、叙述の場に引用される〈声〉の保管の問題がある。たとえばサルミエントは、ガウチョの吟遊詩人カントールの語りについてこう言っている。

☆32　対象を生きたまま専門領域《ディシプリン》の内部に囲いこみタブロー化することと、対象を規律《ディシプリン》のもとにしたがわせることとの認識論上の同質性を論じる“tableaux vivants”の議論については、Foucault 1975: 174-75参照。

☆33　Ramos 1989: 32-33. テクストをめぐるここでの議論展開にあたっては Said 1985: 197-201を参考にした。

カントール。反乱の生、文明の生、野蛮の生、そして危険な生の理想化がここにある。カントールであるガウチョは、まさしく中世のバルド〔古代ケルト人の吟遊詩人〕やヴァテ〔預言者／詩人〕、トゥルヴァドール〔南仏オック語をもちいた吟遊詩人〕であり、平原の封建主義と諸都市の戦いのあいだ、往く者と来る者とのあいだにしつらえられた、おなじその舞台の上を動きまわっているのである。（中略）カントールは、中世のバルドとおなじように、年代記や風俗写生、歴史物語、伝記といった作品を、ただ無邪気につくっている。もし仮に、この哀れな愚か者が天真爛漫なラプソディのなかで繰りだしている社会よりも、さまざまなできごとについてよりすぐれた理解力をもつ別の教養ある社会がとなりあわせていなかったならば、かれらの詩は、後世の歴史家が依拠しなければならない史料やデータとして、のちのち蒐集されてしまうことになったろう。☆34

この文章の最後の部分で強調されているのは、地方のできごとについて「よりすぐれた理解力をもつ別の教養ある社会」、すなわちサルミエントの提起する理念型としての都市社会に属する近代的知識人こそが、ガウチョの創りだす物語を統御してきたのだという自負である。裏をかえせば、歴史叙述のための文書保管所を管理し秩序だてるのは、ほかならぬ自分たち知識人でなければならないとサルミエントはかんがえている。自己領有は、ある意味ではこうした文書保管所の内部に、ガウチョの〈声〉を蓄えることにほかならない。そしてこのように管理

☆34　Sarmiento 1889: 45.

された〈声〉こそが、未来の歴史叙述の内部への引用が可能な形態をともなうということである。

自己領有が内包するこれらの点は、表象する者とされる者の配置関係が必然的にかかえこまざるをえない、ひとつの重要な側面をわたしたちにつきつける。すなわち、表象するとは、表象する者の価値体系の規範、絵画上の表現形態、そしてなにより言語的規範などのさまざまなレヴェルの規範によって、その規範の外部の存在をとらえようとする営為である。とすれば、ひとつの規範をもってその規範の外部に存在する〈法外なものenormé〉[☆35]を表象するとは、解決不能のアポリアをみずからかかえこむ営為にほかならないのである。

ひとつの言語でその言語的規範の外部にある〈法外なもの〉を表象する行為を想起してみればよい。言語それじたいが、対象を名辞化することをつうじて叙述内に対象をとらえ秩序化する機能をもっている以上、言語規範の体系の内部にとらえられた〈法外なもの〉の法外性、ないし他者の他者性は、もはや本来の法＝規範の外部にあるのではなく、〈法外なもの〉のふりをした規範内存在になってしまう。そのとき、〈法外なもの〉が本来もっていた絶対的な外部性は、〈法外なもの〉じたいから剥奪され、消去されてしまうのである。

余白としての逸話

しかしながら、『ファクンド』というテクストを、純粋に叙述空間の次元において、エクリチ

☆35　法（nomos）や規範（norma）の外部的存在をさして「法外なもの」（enormé）と名づけるにあたっては、高橋 一九九二・二七六を参照した。

ユールの機能の問題として考察するときには、ガウチョの〈声〉の自己領有は、引用する叙述者の企図の遂行をひとつの困難にむかわせることになるだろう。
そもそも、歴史叙述をめざそうとする企図をあきらかにしている一八四五年版への序文で、サルミエントは、素材としてあつかったファクンド・キローガについてこのように言っていた。

わたしは、ファクンド・キローガのなかにたんなるカウディージョ〔地方ボス〕をみているわけではなく、植民地化と大地の特性がつくりだしたアルゼンチン的な生の表現をみるのである。そしてそれをじっと見定めなければならないとわたしはかんがえている。なぜなら、それなくしては、ファクンド・キローガの人生やかれのおこなったことなど、たまたま挿話的に歴史の領域に闖入してきた凡庸さにすぎないからである。

さらに言葉をついで、

つまるところファクンド・キローガとは、〔中略〕歴史のあるひとつの時期において、ひとつの国民una naciónがもっていた諸信条や国民の必要としているもの、気がかり、習慣といったものが、その巨大なひろがりのなかに映しだされている鏡でしかない。☆36

☆36 Sarmiento 1889: 12.

ファクンド・キローガという人物の生涯に、さしあたり焦点をあてることをつうじて『ファクンド』で析出されようとしているのは、「ひとつの国民」という、集団的な同一性をもつ実体の歴史的な姿であった。言いかえれば、「生きた絵画」の内部で表象されようとしていたのは、というより表象されなければならないとされていたのは、アルゼンチン国民という「ひとつの」国民共同体が共有しているとサルミエントがかんがえている、集団的な過去の記憶である。

そうであるなら、「生きた絵画」に表象されるもろもろのできごとは、この「ひとつの国民」という消尽点にむけて、統合的に表象されていなければならないはずだ。ところが、カントールの〈声〉を自己領有したつぎのような叙述の内部では、複数のできごとがひとつの消尽点にさしむけられている絵画を描こうとする意志は、完遂されているとは言いがたい。

カントールは、ひとつの場所から別の場所へ、「小屋から小屋へ」とわたり歩いては、司法に追われるかれらのパンパの英雄を語り、最近あったマローン〔インディオの急襲〕で子供たちをインディオに連れさられた寡婦の悲嘆を歌い、勇者ラウフの敗北と死を、ファクンド・キローガの悲劇的結末を、サントス・ペレスがたどった運命を歌っていくのである。☆37

☆37 Sarmiento 1889: 45. 〈声〉の引用がもつ歴史叙述へのプロット侵犯的作用にかんするここでの議論展開にあたっては、上村 一九九四・一五六～二〇七を参照した。

カントールが歌ってあるく複数の逸話。パンパの英雄、寡婦の悲嘆、ラウフ、キローガ、ペレスの死といったこれらの逸話は、たんに多様というだけでなく、ほとんど相互の関連性をもっていない。政治的イデオロギー、社会階層、特定のコミュニティないしエスニシティへの帰属、性差ですら、これらの逸話をつなぎとめる共通性の糸とはなりえない。政治、経済、社会、出自、イデオロギー、制度のどれひとつをとっても、複数の逸話をひとつにたばねる意味にはなりえない。とすれば、たとえこれらの逸話を編みあわせてみても、ひとつの図柄をそこに表出させることはできないだろう。カントールの語りから自己領有されているのは、できあいの分類項ではなんとも共通性をみいだしようのない、任意の逸話の羅列にすぎないようにみえる。

ただ唯一、これらの物語をつなぎとめている共通点があるとすれば、それは、歌の主題が、彼岸ないし死に関係している点にあるというほかない。たとえば、カントールの歌う「パンパの英雄」またの名をガウチョ・マーロは、人間社会のまったき外部に生きる彼岸的な存在である。サルミエントによれば、ガウチョ・マーロとは、「アウトロー、スクワッタ、いっぷう変わった人間嫌い」だ。「司法は長年にわたってかれを追ってきており、その名は畏れられ小声で囁かれるが、そこに憎悪感はなくほとんど尊敬さえこめられる。神秘のパーソナリティ、パンパに棲みアザミに覆われた大地がかれの宿である。ヤマウズラやムリータ〔アルマジロ〕を食し、たまに牛のタンでもご馳走になりたいとおもえば、投げ縄をうって雌牛をとらえ、ひとりの力でそれを倒して屠り、大好物のひとくちぶんを切りとると、残りは死にかけの鳥にくれてやる」。まれに兵隊に捕まりそうになっても見事な短剣さばきで傷を負わせ、追手をふりきる。家畜の盗人として司法に追われるガウチョ・マーロは、かぎりなく逃走をつづける神話的存在である。☆38

また、夫を亡くした名もない女性が、「マローン」すなわちフロンティアにおけるインディオの襲撃で子供を失った物語も、彼岸をめぐる逸話である。インディオに連れさられたことが、子供の物理的な死を直接意味するわけではないにしても、突如襲ってきたインディオの集団が、フロンティアのかなたへ子供を連れて行ってしまったのである。生涯子供たちに会うことはかなうまいし、万が一、数十年の後に遭遇することがあったとしても、もはやかれらは母親とおなじ世界を共有してはいないだろう。フロンティアのむこうに連れて行かれるというのは、その意味で彼岸へ連れさられるのと同義であったはずだ。

さらには、プロイセン出身の軍人フリードリヒ・ラウフ大佐が、一八二九年の反乱で死んだ物語。フロンティアを歴戦して名高い軍人であるからには、フロンティア戦で勝利したときのことが歌いあげられてもよかろうに、歌われているのは一八二九年の敗北の物語である。この年、ブエノスアイレス州南部のフロンティア周辺では、ロサス派を自称するガウチョとガウチョ出身の一指導者にひきいられたインディオが手を結んで、大規模な民衆反乱をおこした。この反乱を鎮圧すべくラウフ大佐は派遣され、反乱軍兵士によって殺された。フロンティア戦で

☆38 Sarmiento 1889: 43.
強調はサルミエント。

軍功をあげてきたラウフ大佐が、よりによってそのフロンティアでおこった民衆反乱というできごとのなかで死んでいったことが歌われている。

そして、地方ボスのファクンド・キローガが死んだ一八三五年の物語。ロサスやエスタニスラオ・ロペスと同盟をくんで、一時はアルゼンチンの三大権力者のひとりとして君臨し、クージョ地方はもとより北部フフイ州にまで影響力をおよぼすことさえあった地方ボスである。[☆39] その強大な権力を誇った生涯においてかぞえきれないほど活躍してきていたろうに、ここでも歌われているのはほかのどの時期でもなく、一八三五年の最期である。

あるいは、そのファクンドを冥府へ送りこんだサントス・ペレスが処刑された物語。キローガ暗殺をくわだてたのは、コルドバ州知事とその側近のレイナフェ兄弟とされていたのであって、ペレスは暗殺機械として利用されたにすぎない。エスタニスラオ・ロペスあてにしたためられたロサスの書簡にあきらかなように、ロサスが追求し暴露しようとしていたのは、盗賊のしわざであるかのように偽装されているレイナフェ兄弟の陰謀であって、ペレスになどいかほどの重要性もおかれていない。ペレスのようなちんぴらなど、当時の権力者にとってはどうでもよかった。[☆40] にもかかわらず、カントールが歌いあげるのは、陰謀をしくんだとされるレイナフェ兄弟ではなく、道具として使い捨てられたサントス・ペレスのほうである。

ここにあげられているひとびとの彼岸的生ないし死をめぐる逸話のどれひとつとして、国民英雄的なものを彷彿させるものではないことには、留意しておかなければならない。一介の家

☆39 Halperín Donghi 1987: 335.
☆40 エスタニスラオ・ロペスあてのロサス書簡は、Irazusta 1975-II: 299-309に所収。

畜泥棒にすぎないガウチョ・マーロはもとより、インディオに子供を連れさられた母親も、名もない反乱軍兵士の刃にかかって絶命したラウフ大佐も、盗賊団に殺されたかのように装われたキローガの死も、命じられたことを遂行しただけのサントス・ペレスの処刑もである。

それにしても、どうであろう。たとえこのような共通点がみいだされるにしても、はたしてこれらの逸話を撚りあわせることによって、「ひとつの国民」といった歴史的実体を表象する歴史叙述を、そこに現出させることができるだろうか。これらの逸話は、まずもっては個々人の悲嘆や死、運命の不条理といった喪失の物語か、彼岸に生きる人間の物語である。言いかえれば、日常世界に生きる人間の力ではどうすることもできないできごとや、生活世界の規範ではかこいこむことのできない存在についての語りである。このような語りが喚起するものがあるとすれば、それは人間の力を超越するまがまがしきものにたいする畏怖の念ではあっても、〈国民〉などといったものへの意識ではないだろう。むしろ、ナショナルなものは、こういったカントールの逸話からはもっとも遠いところにあるはずだ。

カントールの逸話は、そのどれもがひとつひとつ単独のできごとを歌いあげたものである。それぞれの逸話はその逸話の内部で完全に充足しており、逸話の外部にあるなにか別のもの——歴史的な意味なり実体といったもの——に還元されたり、そういったものをさししめすことを拒絶している。逸話のなかでおこるできごとは、逸話の外部にあるなにか別のできごとや実体と垂直の関係をとり結ぶことはない。逸話のできごとは、それじたいが語られる対象として充足しているのであって、なにか別の〈おおきな物語〉を暗示したり示唆するために語られるわけではない。これらの逸話は、国民国家構築の歴史という〈おおきな物語〉へカントールの語りを自己領有しようとする歴史叙述の運動に回収されないまま、空白としてそこにとどまりつづけているのだ。他のなにものにもかえがたい絶対的な空白として。

プロットの解体

さらにカントールの逸話は、『ファクンド』における歴史叙述のプロットを解体させかねないものである。そもそも『ファクンド』における歴史叙述は、新聞の連載ものとして発表されたさいの「文明と野蛮」というタイトルがしめしているように、〈文明〉と〈野蛮〉からなる二元論から構成されており、この二項対立は、それぞれ〈文明＝都市＝西洋的近代＝政治的統一主義派〉と〈野蛮＝地方平原＝非西洋的（アジア的）前近代＝政治的連邦主義派〉として展開されている。そしてやがてはこの二項対立の双方が、自分たちの勢力を拡大しようとしてぶつかりあい、その衝突を経て最終的にアルゼンチンは統合への道をたどっていく……。ハッピーエンドにおわる〈文明〉と〈野蛮〉のいわば弁証法的なプロットが、『ファクンド』の歴史叙述を導き、ささえているのである。

『ファクンド』には、たとえばつぎのようにある。

> 〔独立以後の〕内戦は、ブエノスアイレス市民を内陸へ運んで行き、ひとつの地方の人間を他の地方に運んで行った。民衆たちはたがいに知りあい、学びあい、〔野蛮の長たるロサス〕独裁者が望んでいた以上に、たがいに近づきあった。（中略）かつては諸都市と平原というふたつの異質の社会が存在していた。だが、平原が都市に飛びかかったことによって、ガウチョは市民になり、都市の主義主張に共感するようになったのである。☆41
>
> 他方ではブエノスアイレス市を血塗られた舞台にした〔独裁者の〕暴虐非道のゆえに膨大な数の市民が平原へと逃げだして行き、そこでガウチョと混ざりあっていった。こうして、平原の人間と都市の人間の根本的な融合がゆっくりと生みだされていった。共通の不幸がかれらを結びつけていったのである。☆42

しかしながら、サルミエントが自己領有しているカントールの逸話は、このような『ファクンド』のプロットにあてはまるものではない。なぜか。

まず、〈文明〉の放つ司法に追われる「パンパの英雄」ガウチョ・マーロは、いうまでもなく〈文明〉的規範の外部に生きる人間である。だが、この「神秘のパーソナリティ」は、〈文明〉の対立項であるはずの〈野蛮〉にとっても、理念的な外部であらざるをえないような自然的世界に属する存在である。ガウチョ・マーロは、「社会との関係をまったく断ちきってしま

☆41 Sarmiento 1889: 222-23. 強調はサルミエント。

☆42 Sarmiento 1889: 217.

った人間、法によって追放されている男」であり、「もしやだれかがガウチョ・マーロに出くわしたとしても、ガウチョ・マーロに寄ってくるよういわれないかぎりは近よることなくあとをついていくだけだ」。このようにガウチョ・マーロとは、『ファクンド』のなかで〈野蛮〉とカテゴライズされている一般のガウチョの生活世界からさえ、遠くはなれたところに生きている者である。[43] ガウチョ・マーロの逸話は、〈文明〉と〈野蛮〉の対立の外部でしか成立しえず、むしろその対立の構図をみえないものにしているのだ。

インディオに子供を連れさられた寡婦の逸話と、フロンティアの軍事境界線を越えて手を結んだ民衆反乱のさなかに死んだラウフ大佐の逸話についてはどうだろう。どちらの逸話もフロンティア世界を舞台としているわけだが、じつは『ファクンド』のテクストでは、十九世紀なかばのアルゼンチンに存在したフロンティアについてはほとんど言及されておらず、また現在の国土の三分の二ほどもあった広大なインディオの支配領域についても触れられていない。[44] かろうじて『ファクンド』にみいだせるのは、州行政の一部としてなされたフロンティア要塞の建設や、フロンティア拡大の軍事行動をめぐる記述、[45] インディオとの密貿易がこうじて、ついには軍事境界線を越えてインディオのカシーケ〔首長〕の娘と結婚したナバーロなる人物についての覚え書き[46]といった程度である。ほかには、平原世界の闇にひそむ「野生の遊牧民」horda salvaje[47]といった表現のなかに、フロンティアを越えてやってきたインディオの影をかいまみるしかない。

☆43 Sarmiento 1889: 44-45.

☆44 『ファクンド』ではほとんど触れられていないフロンティア世界について、後年のサルミエントはさかんに発言している(Sarmiento 1954-XLI: 193-95, 262-344)。サルミエントのフロンティア政策については以下参照。Allende 1961. Weinberg 1980.

☆45 Sarmiento 1889: 146, 172-73. 一八五一年版の脚注として加筆された部分。

☆46 Sarmiento 1889: 150.

☆47 Sarmiento 1889: 20.

スペインによる征服以後、独立を経てなお重大な政治問題として政府当局の関心の的であったフロンティアについての記述が、なぜ『ファクンド』では無視されているのか。[☆48] それはひとえに、『ファクンド』のプロットが、〈文明〉と〈野蛮〉の物理的な外部にあるフロンティア世界、すなわちレヴィ＝ストロース的な言葉の意味での「野生」の世界を許容していないからである。仮にフロンティアやインディオの領域についての叙述をとりこんでしまえば、〈文明〉と〈野蛮〉という対立の構図で歴史を語ることは不可能になるからである。〈文明〉と〈野蛮〉の対立から融合へという歴史叙述のプロットを維持するためには、どうしても、フロンティアという歴史的できごとは消去されていなければならない。しかしながら、フロンティアを舞台にくりひろげられる寡婦とラウフ大佐の逸話は、『ファクンド』がみないふりをしようとしているまさにその世界を、テクストに導入してしまうのである。

キローガとペレスの物語もまた、〈文明〉と〈野蛮〉の対立を描きだしているわけではない。このふたつの逸話の背景にあるのは、地方ボスどうしの抗争であり、いわば〈野蛮〉と〈野蛮〉の戦いなのであった。

このように、カントールの詩歌は、〈文明〉と〈野蛮〉という二項対立とは異質の、複数の二項対立を創りだし、そうすることによって、歴史的な構造をどんどん差異化していってしまう。言ってみれば、カントールの逸話は、歴史叙述の内部にポリセミー（意味複数性）を創出する力をもっているのである。カントールの逸話を自己領有することによって、〈文明〉と

☆48　十九世紀前半のアルゼンチンのフロンティアについてはWalther 1980: 125-283を参照。

〈野蛮〉というスタティックな構造からなる『ファクンド』の歴史叙述は、そのプロットを解体せざるをえないのだ。

反＝叙述的な力

さらにもうひとつ忘れられてはならないのは、カントールの逸話が、本来的には書かれたものではなかったことである。植民地時代からつづく口承伝統をうけつぐカントールの歌は、詠まれ、語られ、歌われる行為の内部でくりひろげられていくものであった。ギターのメロディにあわせて展開され、ときにはプルペリーア〔居酒屋兼雑貨屋〕の客によって歌われたかもしれない。酒がくみかわされ、ダンスが踊られ、賭けごともさかんにやられたプルペリーアでの歌い語りである。しかもそれは、しばしばふたりのカントールによるカントールどうしの「競演」〔サルミエント〕、すなわち歌のかけあいという〈対話〉的なかたちをとった。

歌舞音曲の祝祭的な空間においてであれば、即興的でパフォーマティヴなつくりごと、かけあいによる意味のずらしや、かけあい演奏の〈対話者〉によってなされる独白的なプロットへの侵犯、客の好みにあわせた恣意的な選択やつけたし、省略、強調といった要素がはいってきたことだろう。ときには、歌詞の一部を忘れてしまったり、別の歌につないでしまったり、前後を転倒させて歌いついだり、主語を勝手にいれかえることもあったろう。

じっさいにもカントールは、ときには「その英雄歌に自分自身の手柄話まで混ぜあわせてしまう」、とサルミエントは言っている。司法に追われる無法者の歌い手、短剣を巧みにあやつり馬や女を盗むカントール、司法の追手があらわれても優雅に追跡隊の手をすりぬけ窮地を脱するカントールが歌われてしまうのである。[☆49] だが、そのように語られるとき、聞き手の目前にいる語り手カントールの姿は、ガウチョ・マーロとかさなりあってしまう。

カントールとガウチョ・マーロがかさねあわせられることによって、カントールの歌はいっきに混沌としたものになるだろう。語り手は語られる者とすりかわり、シニフィアンはシニフィエにとってかわる。社会の外部に生きているはずの男が、内部の男といれかわる。ガウチョ・マーロの神秘的な外部性は、カントールの俗なる平凡とおなじものになり、虚構的なものが現実的なものに混じりあい、逸話語りを可能にしている二項対立の境目は曖昧なものになってしまう。これが主人公、これが現実、これが悪といったように、弁別し区別し、物語の規範の内部での配置を決定して、世界を了解可能なものに構成しなおす言葉は、そのとき機能不全においこまれるだろう。カントールの口承的な語りは、こうした反＝叙述的な力をはらんでいる。

フリオ・ラモスは、『ファクンド』に書きこまれた他者の〈声〉の叙述内機能について、つぎのように指摘している。

> 代替として選びとられた「史料」という点で口承の叙述は必要不可欠であったにしても、

☆49 Sarmiento 1889: 46.

他方でこれらの叙述は、危険な代補suplemento peligrosoを構築していたのである。叙述は真実の言説を汚染し、意味のあの「近代的」な秩序が要請する理性＝合理性や規律から、真実の言説を逸脱させるのだった。そしてなによりこれらの叙述は、物語的な知の悪しき習慣、すなわち、理性化＝合理化をおしすすめるエクリチュールが支配したいと切望していた、あのものじたいの遺物を――エクリチュールの空間そのもののなかに――書きとめてしまったのである。そうしたわけで、口承伝統の（秩序だてをおこなう）アルシーヴを構築するというサルミエントの企ては、エクリチュールにとってはエクリチュールじたいの野蛮化*barbarización* の危険をはらんでいたのである。☆50

ここでラモスがいっている「危険な代補」とは、おそらくはジャック・デリダが、『グラマトロジーについて』のなかで分析対象としていたルソーのテクストにみいだした表現"dangereux supplément"をさしている。高橋哲哉によれば、デリダのいう代補の論理とは、「外から（あるいは後から）偶然的な補足物として本体に付加されるものが、本体の内奥に侵入し、そこに棲みつき、それに取って代わってしまうという運動」である。絶対的真理は、この代補の運動を「無理やり禁止しつつ、その禁止が無力であることを示してしまうことによって、代補の運動を記述することしかできない」☆51。

『ファクンド』に自己領有されたカントールの「物語的な知」（ラモス）も、真実の言説をうち

☆50 Ramos 1989: 31. 括弧内・強調はラモス。
☆51 高橋 一九九八・八六〜八七。

たてようとする純粋理性に反して、叙述的合理性にあらがい反乱をくわだてる。そうすることで、「ひとつの国民」のありようを描写する「生きた絵画」を構築しようとするテクストの企図の遂行を、困難に陥らせるのである。じつのところ『ファクンド』を「叙事詩」的であると批判していたアルシーナは、〈法外なもの〉を自己領有することによって、はからずも『ファクンド』の内部で生産されている、この反＝歴史叙述的なベクトルをさぐりあてていたのではなかったか。

第二章　亡命と家郷

追放されたものたち

一九一七年から二二年にかけて出されたアルゼンチン初の〈国民文学〉史『アルゼンチン文学史――ラプラタにおける文化の進化についての哲学的エッセイ』のなかで、著者のリカルド・ロハスは、植民地時代のつぎにくる時期区分を「追放されたものたち」の時代と名づけ、独立戦争から十九世紀末までに書かれた作品を分類・解説している。この時期の書き手のおおくは「異邦の地でその最良の著作を執筆し、流浪のなかでみずからの理念を形成し、ロサス政権が打倒されたのちにアルゼンチン文化の基礎を築こうと亡命先からもどってきた」知識人であり、亡命の経験をぬきにしてかれらの作品を読むことはできない。このようにのべたうえで、ロハスは、十九世紀アルゼンチンの亡命知識人の歴史はおおきくつぎのように分けられると言っている。

十九世紀全般にわたっておこった国外へのさまざまな移民をあげてみよう。流出はまず五月革命〔独立戦争〕の十年間で生じ、つぎにリバダビア政権が崩壊したときに、さらにロサス専政の時代に、そして国民国家構築の時期におこった。諸派に分裂したことや、デマゴギーの騒乱、半ガウチョ的な独裁といったものが、おおくの著名な市民たちに祖国を捨てさせ、あるいは自分の理想や生命を救うためにみずからの内部へとひきこもらせた。しかしながらもっとも卓越した〈追放されたものたち〉は、ロサス独裁によってもたらされた亡命者たちで、かれらは五月革命の理想を維持しながら〔ロサス政権を倒した〕カセーロスの戦の勝利を準備していたのだった。そういった書き手たち、すなわちエチェベリーア、サルミエント、マルモル、アルベルディ、ミトレ、ロペス、グティエレスといった書き手たちの作品は〈追放されたものたち〉の中心的な核を構成しているのであって、こうしてロサス独裁のあたらしい歴史がつくられるのである。☆1

現在なお、アルゼンチンの正典的な文学史でありつづけているこの著作では、亡命の経験のもとに書かれたテクストはアルゼンチンの国民文化の礎であり、あらたな国民国家の歴史をつくりだしたものとされている。国民主義的な文学作品はかならずしも国内にとどまりつづけることによって書かれるわけではないこと、またロハスのとらえる〈追放〉の意味あいのなかには国外への物理的脱出だけでなく内省にむかうこともふくまれていることが、ここにしめされていると言ってよい。

☆1 Rojas 1957-V: 10.

たしかにこのような見方は、いわゆる亡命知識人の〈亡命〉の意味を考えるうえで、ひとつのおもしろい視点を提示していよう。亡命経験そのものの両義性をしめしているからである。ロハス的な見方とは異なるが、やはり亡命経験のアンビヴァレンスについては、サイードが一九九四年に発表した『知識人の表象』（邦題『知識人とは何か』）のなかで言及している。サイードは亡命知識人と亡命先の社会の関係性について論じるなかで、ふたつの亡命知識人のタイプをあげていた。第一のタイプは、あたらしい社会や文化環境に完全に適応することなく、かといってかつていた世界とあらたに暮らしている世界のどちらか一方の視点をとることなく、つねに両方のパースペクティヴを批判的なしかたでつきあわせることのなかから、みずからのとるべき立場を決定していく、周縁的な漂泊の知識人たろうとするもの。もうひとつのタイプは、それとはまったく逆に、亡命先の世界にすばやく社会適応し、現地社会の制度に迎合して亡命先の社会の中心的な座を占めようとやっきになるタイプである。むろんサイードは、前者の亡命知識人のありかたのなかに可能性をみている。[☆2]

ロハスはこれとは逆に、亡命知識人を出身社会との関係でみているわけだが、ここで問題になってくるのは、ロハスの読みは、亡命知識人のテクストをことごとく国民主義的な言説を構築するものとみなしていることである。すべてのテクストをナショナルなものの構築にむけて書かれたものとして読むことをつうじて、国民主義の連続性が強調され、その絶対性をくりかえし確認してしまうことになる。ロハスは、植民地時代から近代まで一貫している国民精神の

☆2 Said 1994: 3940, 44-45.

一部として亡命者たちのテクストを読むわけだけれども、はたしてそのような読みかた以外の読みは可能ではないのだろうか。たとえ国民的とされるテクストであろうと、テクストの叙述の過程で抑圧されている非＝国民主義的なものを、テクストの細密な読みのなかから回復していくことはできないものだろうか。国民的なものの一貫性を崩そうとするそのような読みをおこなうことで、国民精神なるものを構築しているとロハスがみているテクスト群の、ナショナルな自明さそのものを、いまひとたび疑念に付すことはできないだろうか。

　こうした問いのもとに、ここでわたしはふたりの亡命者によって書かれたテクストをとりあげてみようとおもう。ひとりは前述したサルミエント。一八三〇年から三六年まで、さらに四〇年から最終的に亡命先を去ることを決意した五五年までチリに亡命していた知識人である。もうひとりは、一八三一年にボリビアに渡ったのち、七四年まで公的なしかたでは帰国することのなかったフアナ・マヌエラ・ゴリティである。十九世紀のラテンアメリカでもっともひろく読まれた女性作家とされるゴリティを[☆3]、ここではひとりの亡命文学者として読んでいくことにする。彼女は人生の大半をアルゼンチン以外の場所（ボリビアとペルー）で過ごし、文学活動の拠点をペルーのリマにおき、リマの文学シーンで中心人物のひとりでありつづけた[☆4]。移動範囲も広域にわたり、生まれ育ったアルゼンチンのサルタを出発点に、ボリビアのタリッハ、スクレ、コチャバンバ、ラパスのあいだを移動し、またペルーではリマだけでなくアレキパなどで暮らしていた。だが後述するように、ゴリティがテクストのなかでとっている特殊なポジ

☆3　Urraca 1999: 151.
☆4　ゴリティとリマの文学界の関係についてはBatticuore 1999参照。

ションの形成は、亡命していることの意識なくしてはおそらくは可能ではなかっただろう。

ともにロサス独裁やそれをささえた連邦主義政治のゆえに亡命を余儀なくされたことと、どちらも周縁的な内陸地域に生まれ育ったことのほかに、サルミエントとゴリティのあいだにさしたる共通点はない。一八一一年にサンファン州の比較的貧しい家に生まれたサルミエントは、独学してジャーナリズムの道にはいり、ロサス独裁の抵抗運動にかかわるなか、みずからチリへの亡命をえらび、亡命先では活発なジャーナリズム活動を展開するとともに現地チリ政府に重用され、ヨーロッパと北米の視察旅行を委託されるなどした。ロサス政権を倒したカセーロスの戦に参加したのちには、ブエノスアイレス市議員、サンファン州知事、そして共和国大統領などの公職を歴任し、アルゼンチンの政治の中心に位置しつづけた。

他方、ゴリティは、一八一六年にサルタ州のもっとも裕福で由緒あるクリオージョ一族に生まれ[☆5]、修道院系の学校に学び、父親の政治的立場のゆえに家族に連れられてボリビアへ亡命。わずか十六歳でボリビア軍人と結婚したものの、のちには別居してペルーへ移動。移住先のリマで本格的に文学活動を開始し、ペルーだけでなくアルゼンチンの雑誌に寄稿するようになったことから、アルゼンチンの知識人社会にその名を知られるようになった。ロサス政権が崩壊してのちも二十年以上アルゼンチンの国境を越えることなく、またその一時帰国のおりにもアルゼンチンに滞在したのは数年間のみで、ふたたびリマにもどると、再度アルゼンチンに帰国したのは晩年になってからである。このようにサルミエントとゴリティは、亡命先の社会との

☆5 ゴリティの誕生年については一八一九年説と一八一八年説があり（Obligado 1993: 213, Masiello 1992: 46, Urraca 1999: 152）、ほかに一八一六年とする論者もいて（Newton 1995: 22, Efrón 1998: 9, Royo 1999: 82）、あつかいはまちまちだ。ここでは彼女の伝記的情報についてもっともおおくを得たEfrón 1998にならって、一八一六年とした。

かかわりも、また帰国後のアルゼンチン社会での活動もそれぞれまったく異なっていた。しかしながらどちらも亡命先にあった時期に、亡命経験をもとにテクストを編んでいることの共通点があり、そこに着目してみたい。

これからみていこうとしているのは、それぞれの書き手が亡命先で書いたテクスト、とりわけ家郷について書いた作品である。家郷について書かれた作品はしばしば国民主義的な言説を構成する素材としてあつかわれ、そこに描かれる家郷はネイションの雛形として理解されてきた。たしかに家郷について書かれた叙述、とりわけ亡命先や旅行先や戦地などで書かれた家郷像は、しばしばそのときに書き手をとりまいている世界への否定や、その非親和的な世界からの逃避の行き先となり、ここではない国境のかなたにある、もどるべき懐かしい家郷としてナショナルな枠組みを構築しがちではある。しかしあえて危険をおかして、ただそれだけのものとしてかたづけるのではないしかたで、家郷にかんする叙述を読んでみたいとおもうのだ。

その試みのひとつとして、わたしはここでジェンダー的なパースペクティヴを導入しようとおもう。しばしばやられるように、書き手が女性であるとかそうではないといった違いからみるつもりはない。また女性が書いているから女性独自の叙述になり、男性が書けばそうではなくなるといったしかたの整理をするつもりもない。そうではなくて、ここでは、叙述のなかにジェンダー化された場所がつくりだされている部分に着目することのなかから、脱中心的なものがそこに書きとめられてしまう瞬間をとらえてみたいのである。そういったテクストのなかのひとつの場所が、サルミエントの場合は母の家であり、またゴリティの場合は女の幽霊なのである。

異教的語り

農園でペオンとして働くだけでなく、しばしばラバによるアンデス越えの道案内兼運搬人《アリエロ》として雇われたり、一八一七年にはチリの独立をめざすサンマルティン軍につきしたがってチャカブコの戦にでるなどして、しばしば長期の旅に出ていた父。そんな父をもつサルミエントの幼年時代の思い出の家は、女たちによって占められていた。『ファクンド』出版から六年後、おなじく亡命先のチリで書いた自伝的な作品『地方の思い出』のなかで回想されている生家の光景には、母と五人の姉妹だけでなく、家事いっさいをとりしきっていたが若くして死んでしまった「サンバ」〔黒人とインディオの混血女性〕のトリビアや、ときおり家を訪れては客間で母とふたり、タマネギや雌鶏や織物などの話をしていた「純粋なインディオ」の老女「ニャ・クレメ」〔クレメおばさん〕といった女性たちが描きこまれている。

　とりわけクレメおばさんの姿は思い出に深く刻みこまれていたようである。「七十年をかぞえる年月のせいでいっそう濃さを増した膚をもつ」このインディオ女性は、若い頃に母方の親戚のひとりと「罪深い関係」を結び、すくなくともひとり以上の娘をなしていた。おそらくはそういったかかわりから母パウラのもとをしばしば訪れ、ときに施しものをねだっていた。だが幼いドミンゴにとってクレメおばさんが印象深かったのは、彼女が事実上の血縁関係者だったからではなく、彼女がいわゆる魔術信仰をもっていたからであった。魔女を信じていただけでなく、彼女自身が魔女になって対話をしたり、魔術信仰の堅信の秘跡を授けていたのである。

クレメおばさんは、サンファン市内ではなくプジュタというウアルペ語起源の名をもつ地区に住んでいたのだが、この村じたい、さまざまな魔女の住む村として名をはせていた。『地方の思い出』が書かれた十二年ないし十四年ほどまえというから一八三〇年代のことになろうか、州警察が魔術の実践にかんする調査にのりだしたことがあったという。当初警察は、複雑にいりくんだ魔女話を解きほぐして事実関係を把握するのに、さしたる困難はないものとたかをくくっていたようだったが、じっさいに捜査に着手してみると、それらの話は当局をひどく困惑させてしまうものであった。プジュタ村の少女の魔女事件もそうしたできごとのひとつであった。

当時その村では、あるひとりの少女の魔法使いのことがよく話題にのぼっていた。さっそく少女を捕えて白状させせようとしたところ、おおくの証人をまえに少女はみずから悪魔と姦通したと告白した。さっそく改心をせまるための笞打ちが準備されようとしていたところ、少女は泣きながらこう叫んだというのである。「貧乏人だからというので私を罰するのは良いことなのね！　でもテレサ・フネス奥様やベルナルダ・ブスタマンテ奥様のことを罰したりするなんてことは誓ってないはずだわ！」ちなみにこのテレサ・フネスはサルミエントの叔母にあたる人物であったのだが、少女はこのときこれらふたりの女性だけでなく、当時のサンファンの上流階級に属する他の女性たちの名をあげたうえで、そういった女性たちもまた土曜の夜に祝われる魔女集会のために共同墓地へおもむき、魔術の儀式をおこなっていたと証言したのだった。サンファン社会で敬意を払われていた良家の老婦人たちの名前が、よりによって悪魔と姦通したと告白する少女の口から出たことにその場のひとびとは仰天するとともに動揺し、「ある重大な不正行為を犯してしまうかもしれないことに畏れおののいて」少女を解放したが、魔女の儀式に参加したとされる老婦人たちの評価は地におちたとか。なおサルミエントは、この事件の顛末を締めくくるにあたってはどちらに真実があると断定しないまま、「これほどに秘められたことがらについて、わたしたちがなにを知りえようか」と感想をのべるにとどめている。[☆6]

とはいえ、このように警察当局が魔術信仰の取り調べに熱心になるといった事態は、どうやら一八三〇年代にはいってからのようで、その十年以上まえの時代を生きていたクレメおばさんは「自らの魔術信仰のゆえに迫害されたことは一度たりとなかった」。そんなわけで、クレメおばさんは、さしあたっては警察当局の顔色をうかがうことなくみずからの信ずるところを語り実践することができたのか、サルミエント家を訪れたさいに魔術信仰の話をするのに、なんの臆する必要もなかったようだ。けれども一家の事実上の長であった母パウラにしてみれ

☆6 Sarmiento 1948-III: 142.

ば、クレメおばさんの話は家族のなかに根づいてもらいたくない「迷信」であり、カトリック神父の説教によって祓われなければならない語りだったようである。そんなパウラの対応を、息子ドミンゴはつぎのようにおもいだしている。

クレメおばさんはその家のなかで魔法使いの物語を語り、その話を寛大に聞いていた私の母は彼女に屈辱感をあたえないようにと同意するふりをし、わたしたちはといえば、クレメおばさんの神秘的な言葉にそっと耳を傾けたものだった。けれどもクレメおばさんが帰ってしまうと、母は老女の話を一笑に付したうえで、それらの話がわたしたちの心に植えつけたかもしれない迷信の萌芽を良い意味で四散させたものだった。つづけては、それが必要とおもわれたときには、クレメおばさんとのつきあいがいかなる懸念とも結びつきはしないことがわかるまで、母のお気にいりのテクストである、忘れがたきカストロ神父の説教集をとりだしたものだった。このカストロ神父こそは、魔女たちを迫害し、サンフアンにおける魔女の信用を失墜させた人物なのである。[☆7]

表面的に読んでいるかぎりでは、ここで母パウラがクレメおばさんの語りにたいしてとった態度は、医者であり啓蒙主義に通じていたかもしれないとされるカストロ神父のかんがえかた、すなわち「あのころの〔サンファンの〕民間信仰に存在していた妖精や幽霊、鬼火、魔法使い

☆7 Sarmiento 1948-III: 141-42.

など、あらゆるキリスト教民族のなかに挿入されていた太古の宗教信仰の産物」をことごとく消滅させようとつとめた、この啓蒙的な神父の宗教思想をそっくりそのままうけついでいるようにみえる。息子の目からみたパウラの宗教信条とは、「ドン・ホセ・カストロの宗教思想のもっとも純正な変奏」にちがいなかった。☆8

だが、どうだろう。より仔細に検討してみるならば、クレメおばさんの語りにたいするパウラの応対は、カトリックの神学的ドグマに忠実であったどころか、むしろ逆に両義的で、危険ですらあったのではないだろうか。もし本当にクレメおばさんの語りを消し去りたかったなら、カストロ神父の説教集をとりだすまでもなく、もっとてっとりばやい方法があったはずだ。最初からクレメおばさんの口を封じてしまえばよかったのだ。子供たちを語りの場からひきはなすことだってできただろう。けれどもパウラは、クレメおばさんの語りを禁じることも子供たちの耳をふさぐこともしなかった。それどころか彼女は、たんなる「ふり」であったにせよ、クレメおばさんの語りに「同意」したのである。

同意するとは、〈語り手＝他者〉の語りを聞いてそれに承認をあたえることであり、その語りや語っている他者と自分との関係性を、同意のsíのなかで確認しあうことである。また聞いている自分のうちにその語りと語り手をうけいれると同時に、頷く動作や“pues, sí”（ええ、まあそうね）といった相槌でもって、他者の語りを何度も遂行的に肯定しなおしていくことによって、みずからをその語りの内部にというのでなれば語りの境界部分におこうとする所作であ

☆8 Sarmiento 1948III: 131.

る。その意味で同意の所作は危険きわまりないものであったはずだ。同意することによって、パウラは、自分や子供たちの世界に侵入してきてはいけなかったはずの他者の語りにたいして、みずから扉をあけてしまったことになるのだから。

このような危険を察知していたからこそ、語り部がいなくなったあとにはカストロ神父の説教集をとりだして一種の祓いの儀式をとりおこなったわけだが、この祓いがいかほどの成果をあげたかについては疑問が残る。パウラはここでクレメおばさんの語りを一笑に付し、つまらないものとしてかたづけるだけではものたりず不安に感じたことから、その語りに対抗しうるものとしてカストロ神父のテクストをもちだしたのだろう。カストロ神父のテクストをつうじて、おそらくはまだほとんど文字の読めない子供たちのために音読してやりながら、魔術信仰の語りが正統な語りに違反するものであること、抹消されなければならない異教的な語りであると説いたことであったろう。しかしながら、そのようなしかたで否定されればされるほど、異教的な語りは、秘密のもの、覚えていてはならぬもの、忘れなければならぬもの、捨て去るだけではなく消し去られなければならないものとして抑圧されることになる。その抑圧の力が強ければ強いほど、パウラの意志とは反対に、異教的な語りは抑圧された記憶の断片として、それじたいを分節可能なものとして対象化することのできない、フロイト的な意味における不気味なものUnheimlichとして、記憶の片隅にこびりつかせることになったのではなかったか。その最たる例が、ほかならぬこの『地方の思い出』というテクストではなかったか。

『地方の思い出』のなかで生家の回想シーンは、まずもっては他者の介在する余地のない自己の透明な延長として構想されていた。たとえばこんなふうにである。

> 母の家
>
> わたしの母の家は、母の巧みさの産物であり、家のアドベ〔日干し煉瓦〕や土壁は、家を建てるための費用をつむぎだした母の手になる木綿布の織物の長さに換算することができるほどであって、あれから流れた歳月のなかで若干の増築をしたおかげで、いまでは中流なみの他の家に似かよってしまっている。けれどもその家が元来もっていた形状にこそ心の詩は愛着をいだいているのであり、そしてまた幼年期の悦びや楽しみ、学校から帰宅したあとのお遊びの時間や、泥で聖人をつくってはただちにそれらの聖人を崇拝したり、おなじその泥で兵隊をつくっては、兵隊たちを統率する強大な権力をもつ尊大な支配者に自分をみたてたりしながら、言葉につくしがたい至福の時を何時間にもわたって、ときには何週間もつづけて過ごした隠れ家といったものをおもいだすとき、わたしの魂に棲みついてはなれない忘れがたいイメージが執着しているのは、かつてのあの家の形状にたいしてであった。[☆9]

☆9 Sarmiento 1948-III: 138.

サルミエントが懐かしくおもいだしている「母の家」とは、母が自分のためだけにつくってくれた場なのである。なんとなれば父も、姉妹ですらもこの空間からは排除されているからだ。母の用意してくれた外壁にかこまれて、自己を脅かすあらゆる外部的な存在を閉めだして、みずからの充実のためだけに時を過ごすことのできる場。他者の介入によってもたらされるであろういかなる抗争からも守り包まれて、自分だけが占領することを許されている特権的な場。暴力的なしかたで外部との接触を強いられるトラウマ以前のこのような充足の時とは、男性的なイマジネーションのなかで捏造されてきた出産以前の子宮内滞留への憧れの表出にほかならない。

けれども、ただ自分のためだけに存在していてほしいという退行的な願望のなかで構成されるこの小宇宙に、他者の痕跡をひきいれ残すことになったのは、その小宇宙の守り主であったはずの母パウラではなかったか。彼女は、そうであってほしいと息子が願った他者不在の子宮的世界の外にいる他者とのあいだに、息子のおもいもかけぬしかたで関係性をとり結んでいた。親子ほど年のはなれたクレメおばさんとの関係は、そうした多様な関係性のひとつである。

それにしても、親戚というには微妙にすぎる血縁関係にあったうえに、社会階級的にもエスニック集団としてもまったく異なるグループに属していたふたりを結びつけていたのは、いったいなんだったのだろう。ここでおもいだされるのは、客間でふたりが話していた話題である。言葉のはしばしから息子ドミンゴが記憶しているのは、それが「タマネギや雛鶏や織物」の話だったことだ。だがこれは少し奇妙といえば奇妙ではないか。せっかく訪問した機会である。親類縁者の話とはいわないまでも、クレメおばさんの娘やパウラの子供たちの話、自分の健康の話や知人の噂話といったテーマでもよかったはずなのに、客間で膝つきあわせてする話が、タマネギや雛鶏や織物の話であったとは。

じつはこうした話題の選択には、このふたりの女性の恣意だけでなく、独立直後のサンファンに生きることからうける歴史的制約も関係していたのではないかとわたしはおもう。アンデスの麓に位置するサンファン州は、乾いた荒地にありながら山脈を源に流れる川の恵みをうけていたおかげで、スペイン人による征服をこうむる以前から灌漑が発達し農業がさかんに営まれていた。しかし植民地時代末期に導入された商業の自由化によってひきおこされた価格暴落のあおりをうけて、サンファンの主要産品のワインやアグアルディエンテ〔焼酎〕の価格は急激に下落した。サルミエントが生まれたのは、同州の経済状態が悪化の一途をたどっていたちょうどその時期にあたる。当時たとえばこの地方の農業収穫者たちは、みずからラバにまたがり四十日間におよぶ長旅のすえに、サルタやポトシー、またトゥクマンやサンタフェ、ブエノスアイレスまでおもむいて収穫物を売りさばかなければならなかったというのに、他方では自分たちが食べる肉はメンドサから、羊毛と皮革はコルドバやサンルイスから、運搬用のラバですら他州から買いいれなければならないという具合であった。[☆10]

☆10 Halperín Donghi 1979: 26-28.

地方一帯が経済的に逼迫していたうえに、家族に収入がもたらされるのは、産物の長距離販売やラバによるアンデス越えの労働から男たちが帰宅してからのこと。男たちが帰ってくるまでの生存を確かなものにするためには、機織りや庭での作物栽培は必要不可欠であった。パウラにとっても事情は似たようなもの。息子が語っているように、さしてひろくはない生家の庭には、イチジクの木にはじまってオレンジや桃の木、さまざまな豆類や野菜などが植えられ、そのそばでえさをついばむ鶏や父の乗っていた馬の糞はすべてかき集められて肥料としてもちいられ、数羽のアヒルを育て殖やしたその収入には「一家の生存がかかっていた」[☆11]。最終的に生き残った子供はドミンゴをふくめた六人だけだったが、その他にさらに五人の子供が生まれていたこの大家族をささえるのに十分なほどの財力に恵まれてはいなかったうえ、息子の目からみてさえ、夫はさほど勤勉ではなかったようだ[☆12]。さすれば、庭に育ちつつある作物や家畜、みずからの手で織る布は、生活の糧そのものであったろう。

そんなパウラにとってみれば、最大の関心事が家庭内の経済、とりわけどんな環境でよりおおくのタマネギを収穫することができ、どうすれば雌鶏がたくさん卵を産み、織物はどんなふうにしあげればよく売れるかといったような、いわば家庭経済の技術にあったとしても不思議ではない。おそらくこうした技術はパウラひとりで開発していたわけではなく、その母や姉妹から、あるいは同時代の他の女性たちから伝え聞いたものだったろう。とりわけパウラの夫のようにアリエロとして働いたり戦争にいったり、クレメおばさんのように婚姻外関係にあった

☆11 Sarmiento 1948-III: 139.
☆12 Sarmiento 1948-III: 135-36.

り、また病気であったり死んでしまったりして男がいない家庭の女性たちのあいだにあって、教えあい学びあうことによって伝えられたのであったろう。そしてこうした技術の伝授によって結びつく女性同士の関係は、コロニアルな構造のなかで形成されていた人種関係や階級的な差異の境界を超えて、とり結ばれる可能性をもっていたのではなかろうか。パウラとクレメおばさんの結びつきも、このような関係のとり結びをしめすひとつの例ではなかったか。

魔術信仰のような他者の語りは、まさしくこのような女性どうしの語らいの回路をつうじて、サルミエントの幼年時代の記憶の家の内部へと、記憶している当の本人の意思に反してひっそりと侵入していったのである。留意しておくべきは、そうした語りがはいりこんだことによって記憶の家が異種混在する場になっただけにとどまらず、クレメおばさんの語りがひきよせるプジュタ村の少女の事件のような異端的な集団的記憶が導入され、また警察の不公平な取り調べに抗議する少女の発話の断片がもたらされたことである。こうして当初サルミエントが願っていた予定調和的な記憶の小宇宙は、いつのまにかカストロ神父とクレメおばさんの語り、すなわち正統の語りと異教的な語りだけでなく、警察当局と若い魔女、つまり告発者と被疑者、権力をもつ者ともたない者にとってのそれぞれの真実の語りといった、複数の語りが抗争する記憶の場へと変容してしまったのである。

サルミエントが最初にこうあってほしいと想像していた母の家の透明な空間、そこに棲まうものにとっては親密このうえない場所、抗争のない穏やかな場所は、そこだけをとりだしてみるならば、たしかにあるべき国民国家の理想的な姿として構成されていよう。しかしながらまさにそこが抽象的な母ではなく、具体的な母パウラ・アルバラシンの家として描きだされていくことによって、そこには本来介入してくるはずのない不純なものまで遂行的に書きこまれてしまったのである。むろん、これをもってただちに『地方の思い出』がナショナルな言説に対立するテクストだなどと言いたいのではない。むしろ逆に、この作品は全体としてみれば、ナショナルな雛形として家郷サンファンを提示しようとしたものかもしれないとおもう。にもかかわらず、そこに奇妙な逸脱が書きとめられていること、そしてその逸脱は、家郷全体ではなく、そのなかのもっとも中心的な場所であるはずの生家をジェンダー化することのなかで生じていったものであること、そのことに留意しておくべきだとかんがえるのである。

忍び旅

サルミエントの『地方の思い出』がチリで出版されたころ、ペルーではファアナ・マヌエラ・ゴリティが、家郷サルタを題材としたテクストを編もうとしていた。作品のタイトルは『グビ＝アマヤ――ある山賊の物語』。彼女のもっとも初期の短篇のひとつで、当初はペルーの文芸誌『レビスタ・デ・リマ』に掲載され、一八六五年に初の作品集『夢と現実』に収録された小説である。[☆13]

『グビ＝アマヤ』を一読してまず注意をひくのは、三人称形式で書かれた小説が大部分を占め

☆13　『レビスタ・デ・リマ』掲載時のタイトルは『グビ＝アマヤ――ある山賊の思い出』。『夢と現実』収録時にはタイトルが変更されただけでなく、別だての小品「アドリア海のあるドラマ」がくわえられた。

るゴリティの作品のなかにあって、例外的に一人称で書かれている点である。テクストのある時点まで主人公の「わたし」は名前すらもっていない。名前をもつようになってからも、ひそかに名乗られるエンマという女性名と、公的に通用させているエンマヌエルという男性名のどちらも、テクストの表面にはほとんどでてこない。

じつはこのテクストが一人称で書かれたのには、著者個人の特別なおもいいれがあったからのようである。『夢と現実』出版の一年前、書誌学研究を中心に掲載していたアルゼンチンの専門誌『レビスタ・デ・ブエノスアイレス』第四巻に寄せられた記事のなかに、その手がかりをみいだすことができる。記事を書いたのはアルゼンチンの知識人ビセンテ・G・ケサーダ。ゴリティが何度か寄稿していた月刊総合誌『レビスタ・デル・パラナ』の編集にたずさわっていたときから彼女の作品の支持者で、『夢と現実』の編纂を発案し出版にこぎつけた中心人物のひとりであった。

「『夢と現実』――フアナ・マヌエラ・ゴリティ女史の全集刊行」というこの記事には、『夢と現実』が上質紙十八ページからなる冊子として、週一回三ペソという「きわめて低廉な価格」で予定購読者に配布されるものだったこと、出版社の意図としてはとりわけ「美しい性」つまり女性にターゲットを絞っていたことなど、作品集の全体的な形状や出版企図がつまびらかにされていて興味深いが、同時にそこにはゴリティの私信を素材にした作品解題がなされていて、作品執筆にいたる事情のいくつかをうかがい知ることができる。ケサーダによれば、「ゴリティ女史によって書かれたすべての小説のなかでも、心に秘められた真実の記憶のゆえにもっとも高く評価されるのは、『グビ＝アマヤ』と『ある異邦者のアルバム断章』である。これらの小説は、一八四二年に著者が自分の生まれ故郷でおこなった神秘的な巡歴の、あるひとつの歴史なのである」。このようにのべられたうえで、ゴリティのものとおもわれるつぎのような文章が引用されている。「歓びと苦しみの日々は二十二年まえにその額の髪を白く染めあげてしまったのですが、いまだ残されている白髪はそのときにできたものだけなのです」[☆14]。

どうやら『グビ＝アマヤ』は、亡命先から家郷を訪れたときの苦痛をもたらした旅の体験をもとに書かれたものであるらしい。この作品が一人称で書かれている理由は、このへんにありそうである。それにしてもいったいどのような状況のもとで著者は家郷を訪れたのだろう。そもそもゴリティは、なぜ生まれ故郷をはなれなければならなかったのか。

彼女が生まれてはじめてアルゼンチンの国境を越えたのは、十五歳の誕生日を迎えたころのことであった。すでにふれたようにファアナ・マヌエラは、父ホセ・イグナシオがサルタ州の、叔父ファン・イグナシオがフフイ州の独立派をそれぞれ代表して独立戦争を歴戦した、高位のクリオージョ軍人の家族に生まれた。だが独立戦争ののち、連邦主義派と統一主義派の二派に分かれて争う内戦の過程で、劣勢のきざしをみせはじめた統一主義派は、やがて連邦主義派から執拗な追撃をうけるようになった。そしてついに一八三一年には、サルタおよびフフイ州の統一主義派の軍人やその一族の一掃がはかられ、この年だけで百九十一人がボリビアへの亡命

☆14 Quesada 1995: 289. 現在ではこの一時帰郷は一八四一年におこなわれたとされている。Efrón 1998: 89-90.

を余儀なくされた。[☆15] むろんゴリティ兄弟もそのなかにふくまれており、娘のファナ・マヌエラは、父につきしたがって生地をあとにしたのであった。

ボリビアに逃げのびた翌年、ゴリティ一族には〈祖国の犯罪者〉のレッテルがはられたうえ、アルゼンチンに残されていた一族の財産はすべて没収。ホセ・イグナシオは四年後、失意のうちに病死した。

父が死の床につく二年前、ファナ・マヌエラは、ボリビアの軍人で、のちに軍事クーデターで政権を奪取して大統領の座につくことになるマヌエル・イシドロ・ベルスーと結婚していた。新居をかまえたラパスとスクレでの結婚生活ではふたりの娘に恵まれたものの、新婚の蜜月時代はながくはつづかず、政治的野心に燃えるベルスーとファナ・マヌエラの夫婦関係はほどなくして破綻。サルタへの忍び旅を敢行したのは、夫婦関係がもはや修復不可能であることを、夫と妻の双方が絶望とともに確認しあった直後のことだった。

当時サルタは一時的に統一主義派の治めるところとなっていたとはいうものの、アルゼンチンの内戦状況はピークにさしかかっており、その治世にしたところでいつまでもつか皆目見当のつかないありさまだった。じっさいにもファナ・マヌエラが帰郷した一か月後、サルタはふたたび連邦主義派の手におち、彼女はラバの背にまたがると、またもやボリビアにむけて死を覚悟しての逃避行を余儀なくされることになる。[☆16]

ファナ・マヌエラ・ゴリティ、二十四歳であった。

☆15 Bazán 1986: 325.
☆16 Efrón 1998: 93-94.

一族の政治的立場のゆえとはいえ、ファナ・マヌエラ自身がえらんだわけではなかったボリビアへの亡命、家族の財産没収、〈祖国の犯罪者〉の烙印、結婚による家族との別離、夫婦関係の崩壊、愛する父の死、夫からの恒久的な離別。

先のみえない状況にあって、危険をかえりみずサルタへの旅にふみきらせたもの、おそらくそれは、自分をとりまいている現在からの逃避と、亡命する以前の幸福な時代への執着だったろう。過去へ回帰したい衝動が、彼女を何千キロにおよぶきわめて危険な旅へとつきうごかしたのだったろう。

しかしながら、男に身をやつしてようやくたどりついた家郷は、もはやゴリティを無条件でうけいれてくれたかつての家郷ではなかった。『グビ＝アマヤ』の冒頭で嵐にざわめく森をぬけて、生まれ故郷サルタのミラフローレスを目にしたときの印象は、このようにしるされている。

わたしの思い出のなかにたえずありつづけ、そしてそのときわたしのまえにひろがっていたあのすばらしい展望を、筆舌につくしがたい苦しみと歓びをもってはるか遠くのほうまで見やっていた。

去りし日々のこの小さなわが宇宙のなかにあって、わたしひとりが変わってしまっていた。すべてのものがかつてわたしがその地をはなれたあの日とおなじであった。北にむかって牧草地ぞいにひろがる丘陵は、それはもう一面緑色で花咲き乱れ、木々がのどかにはえていて、かつて明るい未来を信じてわたしが飛びはねかけまわっていたあのころと変わりなかった。南のほうにむかっては、以前のように砂と色のついた小石の川底を透きとおった川が平然と響きをあげて流れていた。わたしの正面には、ひとつだけとりのこされた岩のうえにイエズス会の城壁の廃墟が姿をみせており、その堂々たる塔だけはいまだ壊れぬまま、嵐がちかい地平線で陽の最後の光をうけて黒々とそびえていた。さらに下のほうにあるゆるやかな丘陵のひとつには、父が建ててわたしが幼年時代をすごした美しい家がみえ、かつて水遊びからもどってくるたびにたちどまっては、幸せに満ちたぼんやりとした眼差しでながめたあのころとおなじように、白くきらきらと輝いているのだった。

　木の一本一本、葉の一枚一枚、道の湾曲しているさまのひとつひとつが、わたしの魂のなかに痛みをともなう思い出の世界をよびさますのだった。（中略）そのとき目にしていた父の家郷にあってわたしは異邦人にすぎず、両親が遺してくれたものはなにひとつとして、頭をのせて休む石のかけらとて、わたしには残されてはいなかった。異国の地の苦いパンによってすべてが変わってしまっていたのだ。[☆17]

☆17 Gorriti 1995IV: 69-71.

家郷はなにも変わっていない。にもかかわらずそれがわたしに苦しみをもたらすのは、「わたし」が家郷にとって、もはや一介の「異邦人」にすぎないからである。男装することでみずからの出自を隠して生まれ故郷を訪れていた「わたし」は、彼女をゆきずりの旅人とかんちがいした生家の現在の持ち主であるスペイン人につきしたがって、ふたたび生家のまえに立った。そのときのショックはさらに強烈なものであった。

> 素朴にして親切このうえないあの招待は、スペインに生まれたひとびとのおおらかで寛大な性格に特有なものだったのだけれど、それはわたしのなかに苦痛に満ちた衝撃をあたえた。わたしの揺りかごがゆらされた場所を指さしながら、わしの家、と、かれは言ったのだった。そのときわたしは、いまふたたび廃嫡されるように感じ、その家の壁がわたしにむかってこう言いながらわたしを拒絶しているようにおもわれた。異邦人、出ていけ！わたしたちはおまえのことなど知らない、と。[☆18]

自分のものであるとばかりおもいこんでいた生家は、もはやそのスペイン人のものであって、自分のことなどうけいれてくれない。それどころか、その家を建てた男の娘を拒絶するのだ。異邦人、出ていけ、と。

ここで想起されるのは、サルミエントが『地方の思い出』の序文で提示していた家郷像との

☆18　Gorriti 1995-VI: 71.

決定的なちがいである。もちろん、親しい家族を生地に残してみずからの政治的信条のゆえに自発的に亡命の道をえらび、なおかつ亡命アルゼンチン人社会においてだけでなく、現地チリ政府との関係においてもすでに高い社会的地位を確立していたサルミエントの家郷像が、ゴリティのそれと異なっているのは当然といえるかもしれない。しかしわたしが注目したいのは、そういった表面的な事情の異同によってもたらされる差異ではなく、家郷をひとつの概念として構成するときの、ほとんどイデオロギー的なちがいである。

『地方の思い出』の序文にあたる「わが同胞たちcompatriotasだけにむけて」とする文章のなかで、サルミエントはこう言っていた。

わたしはわたしの地方、わたしの生まれたつましい家に執着していたかった。たしかにこれらは、寄る辺のない状態にあって漂流者がしがみつくあの浮遊物のように弱い板きれにすぎないだろう。でもそれは、高貴で繊細な倫理的感情がわたしのなかに存在していることを、わたし自身に気づかせてくれるのである。そういった感情をわたしの周囲のひとびとやわたしの先祖、わたしの母、わたしの先生たち、わが友人たちのなかにみいだすことは、わたしにとっておおいなる歓びなのである。[☆19]

言いかえればサルミエントにとって家郷とは、倫理的感情とかれが呼ぶ精神のありようその

☆19 Sarmiento 1948III: 27.

ものなのだ。家郷は自分をふくめてその地のひとびとすべてのなかに内在しているものであり、あらかじめ備わっている属性である。だから、生まれ故郷に物理的にいるかいないかはたいした問題ではないし、生家それじたいがどれほど変化していようと、また極端なはなし人手にわたっていようと些細な変化にすぎない。家郷が先祖からサルミエントやその「同胞」にうけつがれてきた、ひとつの先天的といっていいような倫理的感情であるかぎり、サルミエントが家郷の外部に出ることはけっしてない。家郷の内部と外部は、いっさいの物理的事情に先んじて、まえもって分かたれているのであって、サルミエントはあらかじめその内側に属しているのであるから。

ではこの内部と外部を区分けしている境界とはなにか。『地方の思い出』の冒頭のこの文章が、ほかでもない同胞《コンパトリオタ》、すなわち祖国《パトリア》を共有する者だけにむけて書かれていることにしめされているように、その境界は国民という概念にほかならない。

だがゴリティのとらえた家郷は、サルミエント的な家郷観とはあいいれない。ゴリティは家郷の中心的な場を指示するにあたっては、しばしば「父が建てた家」であるとか「父が国から購入した地所」といった表現をもちいている。つまりゴリティにとって家郷とは、所有する対象としてのひとつの物質性を備えたものである。いいかえればそれは、後天的に獲得されるものであって、あらかじめみずからに内在してなどいない。いくらそこを親和的な場と感じようと、そのように感じるのは、その建物や土地を所有する権利者となっているかぎりにおいてであって、いったん所有権を廃棄したり奪われたりしたとたんに、それまでの家郷にとって自分は外部的存在にすぎなくなる。このように、家郷の外部はあらかじめ区分けされたものとしてあるのではなく、ほかならぬその家郷によってあとからつくりだされていくものである。

サルミエントのように家郷的精神の連続性に疑いをもたなければ回避されたであろう痛みは、家郷の物質性に固執するゴリティには「廃嫡される」ことの苦痛として感受されている。この苦痛においてゴリティは、所有する者と所有から排除される者、所有の権利を奪取する者とされる者をつくりだす場として家郷をとらえたのである。

女の幽霊の誘惑

さらにゴリティは、家郷への帰還の経験を、よりラディカルなしかたでずらしていく。

サルタに帰郷したその日の夜、「わたし」は宿として提供されたかつての生家をそっと抜けだした。「わたし」がむかった先には、魔法使いがいると畏れられているイエズス会の城塞の廃墟と、もうだれも訪れることのない朽ちはてた教会と、死者たちの眠る共同墓地があった。そこにむかったわけは、「過去の廃墟」となっている場所に、家郷の外に放逐されている自分と同質のものを見、また墓地に横たわる死者に自分の現在の嘆きを投影しようとしたからだ。ところが「わたし」のまえには死んだエンリカという女性の幽霊があらわれてこう言うのだった。

幾度もわたしが目にしたような青白い顔と細かく震える姿で、黒髪をぱらりと肩にたらした彼女がそこにいるのをわたしは見た。苦い微笑みで唇を歪めながら彼女はわたしにこう言っているようだった。「わたしはここにいて安らかなのよ！　わたしが頭を休める枕は不眠症も悪夢ももたらさないわ。でも、ところでわたしの苦しみの秘密を知っているあなたはどうなの、言ってごらんなさい、〈わたしは若くて美しくて詩にあふれる魂をもっていて、愛と幸福の激しい血流をあたえたりうけとったりすることができるにもかかわらず、絶望がわたしの胸中には棲んでいて、その絶望がわたしの心を苛んでいるのがわかる〉。そのようにいうことel decirは、本当にすさまじくはないこと？」[☆20]

この幽霊との出会いの意味をすこしかんがえてみたい。幽霊をひとつのメタファとして読んでみるとき、注目度のあまり高くない小品ながら、ゴリティのとろうとする批判の位置を考えるうえで『グビ＝アマヤ』が重要なテクストであることがわかるからであるのと、そしてまた同時代のアルゼンチンの言説編成のなかでゴリティの叙述を読みなおすための、ひとつの手がかりをあたえてくれるからである。

ちなみにこの女の幽霊との出会いのあと、「わたし」は墓地をでてひとりの男に遭遇し、かれの話に耳を傾け、その後かつての生家にもどり、そこで知りあったロサルバともアスセナ

☆20　Gorriti 1995IV: 76.

〔白百合〕とも呼ばれる少女の病気治療の旅につれそって家郷をあとにすることになるわけだが、墓地を訪れたあとのことを語るこの一連の叙述と、墓地にいたるまでの叙述とでは、「わたし」の位置にひとつの落差が生じている。この落差こそが『グビ＝アマヤ』を読み解く重要な鍵となる。

基本的にそれまでの叙述では、土地のあれこれに精通した「田舎娘」と遠方からきた「旅人」という「ふたつの異なった人格がわたしのなかに」[☆21]存在していて、そのうち本来的な「田舎娘」の「わたし」の声を、非本来的な「旅人」の「わたし」が聞く構造が維持されていた。このとき「旅人」である「わたし」はみせかけの「わたし」にすぎず、本来的なもう一方の「わたし」の欠落態でしかなかった。女の幽霊と出会うまでの「わたし」が一貫して追求していたのは、「田舎娘」である「わたし」の生き生きした生の本来的なありかたへと回帰することだったのだ。しかしそのような「わたし」にもどろうとするたびに、「旅人」の「わたし」という頽落した余分な記憶がいやおうなく想起されてしまい、夢みられていた純粋な記憶の場は汚されてしまう。「わたし」の苦痛とは、汚染されていない記憶を呼びおこしたいにもかかわらず、その記憶のうちに本来的な「わたし」の生を回復することができないことに起因しているのである。だから「わたし」の意識は、夢想される自己の絶対充実への回帰願望とその不可能性の狭間に閉じこめられざるをえなかったのである。

しかしながら、墓地をでたあとの「わたし」は、なぜか無垢な生を回復することへの飽くな

☆21 Gorriti 1995-IV: 72.

き欲望から遠ざかる。「わたし」の苦痛が解消されたり軽減されたというのではない。苦痛は苦痛として感じられつづけるのだが、その苦痛のありようが変容したのだ。どうやらその変容には、女の幽霊の出現が関係しているようなのである。

もういちど、墓地で女性の幽霊が「わたし」のまえに出現したときのことをふりかえってみよう。幽霊はこんなふうに「わたし」に命じていた。「言ってごらんなさい、〈わたしは若くて美しくて詩にあふれる魂をもっていて、愛と幸福の激しい血流をあたえたりうけとったりすることができるにもかかわらず、絶望がわたしの胸中には棲んでいて、その絶望がわたしの心を苛んでいるのがわかる〉。そのように言うことは、本当にすさまじくはないこと？」と。つまりここで幽霊は、こんなふうに示唆していたことになる。生き生きした生と絶望は別々の場所にあるのではなく、またどちらが真の自分というわけではなく、生き生きした生の内部にはすでに絶望が棲んでいて、愛と幸福の生の充実をだいなしにしてしまっているからには、「わたし」が望んでいる純粋な生の回復などといったことは、そもそも不可能なのだと。絶対的に充実した生などというものはないし、そもそものような生とは別に絶望があるわけでもなく、そのふたつを切りはなすことなど不可能だ。そのことをまず認めなければならない。受けいれなければならない。それはもちろん苦痛をともなう作業なのだけれど、しかしそれ以前の苦痛とは異質の苦痛として感知されていくはずのものである。

さらにもうすこし注意深く読んでみると、ここで幽霊が「すさまじい」と表現しているのは、じつはそのように生きられた生そのものについてではないことがわかる。幽霊は、そのように生きられた生について「言表すること」el decirはすさまじい、そうではないかと同意を誘っているのであった。つまり幽霊は、生それじたいがすさまじいとかそうでないといった価値判断をさしはさんだり、生それじたいを思考してはいない。生そのものを思考することなど、できないからである。生きることは絶対的な個人的経験であり反復不可能な一回かぎりのできごとであって、根源的に非共約的なのだから、その生についてなにごとかを判断するなどできない。けれど生の経験は言表されることによって分節され、言語の根源的機能である反復可能性のなかにときはなたれることによって、はじめてそれについて思考可能となるかわりに、当然のことながら生の経験の純粋性は発話行為のなかで失われてしまう。だからこそ生について言表することは「すさまじい」のである。しかしあえてこのすさまじい行為を実践してみろ、「言ってごらんなさい」と幽霊は命じている。これはどういうことだろう。

わたしはこの女の幽霊の誘惑は、書き手であるゴリティ自身にむけられたものなのではないかとおもう。ゴリティが危険に身をさらしてまで家郷にまいもどったのは、そうすることで汚染されていない自己を回復することができるかもしれない、すくなくともそのための術を手にいれることができるかもしれないという、はかない望みをいだいていたからではなかったか。だが実際にはどうだ。記憶のうちに純粋な生の充実を回復しようとつとめるほど、無垢な記憶の外部から余分なものが侵入してきて記憶の内奥に巣くってしまう。ではどうすればよいのか。永遠のダブルバインドの罠にはまるのを回避するためには、純粋な生の記憶の回復が不可能であることを認めたうえで、そこに回帰しようとする行為から身をひきはなすしかない。それがどのようなものか言表することへとふみだすしかない。「すさまじい」といってみること、さらには書き、テクストを編むこと。このように発話し叙述することは、どちらも言表行為の領域で生の充実を汚し不純なものにする行為にほかならないが、それをあえてひきうけることだ。

しかしこれはゴリティにとって消極的《ネガティヴ》＝否定的な選択でしかなかったろうか？

言表行為にいったん後退することのなかにひとつの可能性があったとすれば、そのように言表することによって、生をめぐる領域を自分以外のものの介入へとひらかれたものにすることだろう。自分以外のものとは、自己のうちに内面化されえないもののことである。そのひとつのあらわれが、あの女の幽霊ではなかったか。彼女自身「わたし」にむかって、死んでいる自分はもう墓のなかにいて安らかなのだと断言し、幽霊と「わたし」のあいだに自他の区別をもちこむことで、「わたし」による同化の運動にあらがうものとして出現していたことに留意しておこう。つまりあの女の幽霊は、「わたし」の内面の反映ではない。幽霊は「わたし」がおこなおうとする内面化の手前にあろうとするものである。だがそれは、彼女が「わたし」をしりぞけることを意味しない。女の幽霊とは、そこでは同意を誘うもの、言表実践のなかで、たとえばその「すさまじさ」を分有することのできるなにかなのである。

だが、なぜこれは生者ではなく幽霊としてあらわれたのか。

幽霊とは、生の充実を生きる生者でもなければその完全な欠如としての死者でもない、なにか中間的なものである。というより、生者か死者かという二者択一がせまられるときには、抑圧されてしまうものである。しばしば生者と死者の関係は、生者が死者を同化する（代弁する）か、あるいは逆に死者が生者に同化する（のりうつる）か、そのどちらかのしかたで表現されるが、幽霊はそのどちらのしかたのなかにも居場所をもたない。幽霊は生者と死者の二項対立からは排除されてしまう。同化する行為と幽霊は根源的に相反しているのである。

じつのところ、このように徹底的に同化不可能な第三の〈存在〉、すなわち絶対的他者にむけて言語実践をひらいていくことのなかで、ゴリティは、内部と外部の区分を生産する家郷的な思考の構造そのものを疑念に付そうとしていたのではなかったか。充実した自己への回帰の欲望も、もとはといえば、そのような自己を純粋な内部として仮構することのなかから形成されるのであるし、またその逆のありかたを不純なものとして劣位におくのも、純粋な内部として構築されたあるべき自己の欠落としてそれを意識するからにほかならない。このようなしかたで内／外の意識を構成することによって、結局は家郷的な思考の装置そのものは生かされつづけ、家郷が排除する外部的存在は生産されつづけ、「廃嫡された者」の意識に苛まれる外部は、つねに自分の〈正統性〉を主張して内部へもどろうとするだろう。このようにして、内部のものとしての意識と外部のものとしての意識のあいだの葛藤は永遠につづくことになる。女の幽霊とは、そのような二項対立的な家郷的思考のシステムに異議申したてをするものなのである。

暴力と抑圧されたものの回帰

このような女の幽霊のモティーフは、『グビ＝アマヤ』以外のいくつかの作品のなかで、異なったしかたではあるがくりかえしもちいられている。それらの作品に共通しているのは、幽霊が二項対立的な言説に回収することのできないものとしてとらえられていることだ。しかしそれより興味深いのは、こういった作品のなかで、幽霊的なモティーフが、ラテンアメリカ社会の暴力の現場と結びついたものとして描かれたことである。

他の知識人とおなじように、ゴリティにとって、自分と家族の亡命をもたらした十九世紀なかばごろまでの統一主義派と連邦主義派の対立は、作品の中心的なテーマのひとつであった。そこから、しばしば二項対立の葛藤は、この両派間の正統性をめぐる闘いの暴力としてしめされた。そのひとつが、一八五〇年代に書かれ、のちに『夢と現実』に収録された『黒手袋』である。ここでは父と息子、夫と妻、恋人どうしがふたつの派に分かたれ、陰謀をめぐらしときには殺人をおかす過程が描かれ、最終的には両派が戦場でぶつかりあって連邦主義派が勝利をおさめたことが語られる。重要なのはそのあとで、勝利したロサス独裁のもとで弾圧や粛正がおこなわれるたびに、真夜中になると「死者の体を包む布を身にまとった奇妙な外貌の女」

が、死者のミサのうた「デ・プロフンディス」をおどろおどろしい声で唱えながら、ブエノスアイレス市の周囲をうろつきまわるようになったとのべられている。[☆22]この奇妙な外貌をもつ女は死者ではないが、しかし死者の衣をまとったなにか、つまり幽霊的ななにかとしてあらわれ、統一主義派と連邦主義派のあいだの戦いに勝利した側によってつづけられる暴力のありかを、都市住民にさししめすのである。

また一八六〇年に書かれた『マナンティアルの明星』も同様に、統一主義と連邦主義の対立に題材をとっている。フロンティアにあるマナンティアル要塞の司令官の娘マリーアが、ある男に犯され捨てられて、息子を生んだ。月日は流れてその十年後、子連れの彼女は統一主義派の男と結婚し幸せに暮らしていたが、夫は政治信条のゆえに独裁者ロサスの手先に殺され、養父を殺した独裁者を批判した息子にも死刑が宣告された。息子の恩赦を嘆願したマリーアは、その子がじつは独裁者ロサスの子であることを告白する。だが嘆願むなしく息子は殺されてしまった。そののちある日の夜、フロンティアの村落住民は、ひとりの痩せて青白い女が、黒いヴェールをなびかせながらフロンティアを越えてインディオの地にはいっていくのをみたという。「ある者はその女は幽霊だとおもったが、他の者にはマリーアとわかったようにおもわれた」。[☆23]ここで目撃された女がじっさいのところ何だったのかはテクストにはあきらかにされておらず、これもまた幽霊的なモティーフのひとつの変種とみることができるだろう。

『黒手袋』と『マナンティアルの明星』はアルゼンチンを舞台にしているが、ゴリティの作品

☆22 Gorriti 1995-IV: 68.
☆23 Gorriti 1995-IV: 144.

ではしばしばアルゼンチン以外の場所があつかわれている。そのひとつが、一八四二年から四五年にかけて書かれたデビュー作で、ペルーのインディヘニスモ文学運動の草分け的作品のひとつとされる『ケーナ』である。[☆24]ペルーのリマ社会で「ひどく侮蔑されている」インカ王族の血をひくエルナンと恋に落ちた主人公ロサが、現地で強大な力をもつクリオージョ男性との結婚を強いられたあげくに、その男の手にかかってエルナンともども殺されたという物語である。インカ王族末裔の悲運の物語は十八世紀から存在した常套的なモティーフといえるが、この短篇はその悲劇の叙述に終わるわけではない点できわだっている。それから何年たっても、風がふくたびに「奇妙で甘く悲痛で、ときにはぞっとするようなメロディ」[☆25]が谷をわたり山々にこだましては、近隣住民を悩ませるようになったというのだ。ここでは、植民地社会の人種主義や階級的な規範からもたらされた死が、死者を葬りさることができずに、ロサのメタモルフォーゼとしてのひとつのメロディを、ケチュア語で「ケーナ」と名づけられたひとつの「声」[☆26]を、つまり生者でも死者でもなく、あえていえばそれらの痕跡でしかない「声」をのこしていることがしめされているのである。幽霊としての形象をなしてはいないが、生者と死者のどちらにも還元できないという意味で、その「声」はなにかしら幽霊的なものとしてあらわれ、町や村の住民の安逸をさかなでしつづけるのである。

　幽霊的なものは、この「声」のように、またアルゼンチン南部に語り伝えられるマリーアの伝説や、政治的暴力がおこるたびに不吉な言葉を唱えながらブエノスアイレス市の周囲をめぐ

☆24　Kristal 1987: 85-86.
☆25　Gorriti 1995-IV: 52.
☆26　Gorriti 1995-IV: 53.

る「奇妙な女」のように、その事件がおこったあとに、なお消え去ることなく、リマの、ブエノスアイレスの、フロンティア村の住民の記憶に呼びおこされるものである。その町や村の共同体的記憶にとって、こうした幽霊は厄介だったはずだ。死んだものとして埋めてしまうこともできなければ、かといって生者としてともに生きることもできないからだ。それは、町や村の記憶の内部に棲みつく、コントロールできないなにかである。だがそもそもこうした幽霊的なものは、共同体の暴力が生みだしたものなのだ。幽霊的なものたちはそのことを、その地の住民に、反復強迫的なしかたで、いわばトラウマ的な記憶としておもいおこさせるのである。

　ゴリティはこのような幽霊的なものをとりあげることをつうじて、ラテンアメリカ社会の暴力が生みだしたものがたえず現在へと回帰してくるさまをしめしている。それがほかでもない幽霊的なものであることによって、ゴリティは、そうした暴力の犠牲となったひとびとの代弁不可能性を示唆する。その一方では、その暴力をすでに終わったこととして忘却へと送りこんでしまうのではなく、たえず現在へとたちあらわれてくるものとして、すなわち抑圧されたものの回帰として提示しようとしたのである。つまりゴリティは、女の幽霊というしかたでジェンダー化された場を設定することをつうじて、共同体の暴力が生みだすもののありかを、その共同体のなかで暮らしているひとびとにさししめし、それが回帰するさまをくりかえし叙述することで、抑圧されているものたちの呼びもどしをおこなったのである。

ふたたび家郷へ、そしてその後

『夢と現実』出版の九年後、すなわち家族とともにサルタを追われてから四十三年後、ゴリティははじめて公的にアルゼンチン入りした。だがサルタにもどることなくブエノスアイレスにとどまって執筆活動をつづけ、翌年には『ある悲しい魂の巡歴』（以下『巡歴』と略称）を上梓する。『巡歴』はのちに作品集『生のパノラマ』（一八七六年）に収録されることになる。なおこの小説は、ペルー貴族の父とフランス人の母をもち、フランスで育ったフローラ・トリスタンの作品『ある追放者の巡歴』の続篇として書かれたもののようである。[☆27] のちにフランスの社会主義的な運動に深くかかわり、労働組合を創始することになるトリスタンのこの著作は、一八三三年から翌年にかけてのペルー滞在の経験をもとに書かれたものだったのだが、現地社会のとりわけて上層階級のありようを批判的にとらえていたことから、一八三八年に出版地パリからペルーにもたらされるやいなや現地支配層の強い反発をかい、しまいには著者トリスタンの人形《ひとがた》がリマやアレキパで燃やされるという社会ヒステリー現象をひきおこした作品だった。[☆28] このように、ペルー社会でおおやけに拒絶され禁止されてきたトリスタンのテクストのタイトルを、フアナ・マヌエラ・ゴリティは、あえて継承したのだった。

ゴリティの『巡歴』は、リマ在住の主人公ラウラが、ひとりペルーをくだってチリ北部からアンデスを越えサルタへ、さらに南下してブエノスアイレスへ、そこから大西洋岸を北上して

☆27 Efrón 1998: 102, 125.
☆28 Pratt 1992: 155.

アマゾン河経由でペルーにいたる旅のようすを、ペルー在住の同郷の友人である「わたし」に口頭と書簡で語る形式をとっている。ゴリティが主人公のサルタへの帰郷をテーマのひとつとしてとりあげたのは、『グビ＝アマヤ』以来はじめてといってよい。とはいえ、ペルー、チリ、アルゼンチン、ブラジルの四か国を走破する旅の行程からわかるように、サルタへの帰郷は作品全体の四分の一あたりで果たされてしまっている。またここで言及されている家郷そのものの位置づけも、前作とはちがうものになっている。

『巡歴』の主人公は、家郷にいることによってどうしようもない閉塞感にとらわれはじめ、しまいにはそこから逃げだしたいという、『グビ＝アマヤ』の「わたし」には想像さえつかなかったであろう熱望につきうごかされるのだった。『グビ＝アマヤ』とのもうひとつのちがいは、以前なら主人公を異邦人とみなし拒絶していた家郷が、いまや懐かしい同郷人として彼女を暖かく迎えいれていることである。後述するように、これは一八七五年の段階での、ゴリティとアルゼンチンの関係性の変化の比喩となっている。

主人公ラウラの生まれ故郷では、老いたふたりの叔母、その召使い、学校の友人たちはみな彼女を取り巻いては下にもおかないあつかいで、連日連夜の饗宴やダンスパーティ、町中の散歩、夕べの語らいや思い出話の場にひきだすのだった。だがしだいにこうした人間関係はラウラの息をつまらせていく。なにかがちがうと感じはじめたからだ。

たとえばあるとき、旧友たちがラウラを誘ってピクニックを楽しんでいたところへ山賊が出現するという事件がおこった。だがすぐさまその山賊連中は、悪戯心から彼女たちを驚かせようとした恋人や父親であることが判明し、危機はめでたく去るのだった。しかし、その茶番劇が楽しく幕を閉じたところでおこった笑いを、ラウラは共有することができない[☆29]。この場面で家郷は、いったんは家郷にとって外部的存在である山賊を登場させておきながら、すぐにそれがパロディにすぎないことを証明してみせる。このようにいまや家郷にあっては、家郷をおびやかす外的存在の可能性そのものが封じこめられてしまうからである。

ラウラが身をよせていた母方の叔母の家にしてからがそうである。そこでは夕べの語らいが強制され、叔母たちはチクラーナ将軍やベルグラーノ将軍、プエイレドン将軍などの独立戦争の勇士について語り、それをラウラは拝聴しなければならなかった。しかしラウラにとっては、「たしかに伝説的英雄にはちがいない」ヒーローたちの話など、「いまのわたしの精神状態にとってはつまらなくていやらしいものだった[☆30]」。叔母たちの語る英雄たちの活躍の歴史をつうじてなされていたのは、アルゼンチン独立史じたいの英雄化である。そこでは過去の戦争は衛生化され、暴力のおぞましさは抽象化されていく。そういった歴史語りをラウラは嫌悪したのだった。

『グビ＝アマヤ』だけでなく、『ケーナ』や『黒手袋』といった以前の作品では、家郷の支配をめぐって葛藤や暴力がくりひろげられるさまが描かれていた。そこでは家郷は外部をつくりだすものであり、また家郷そのものが暴力の場であった。それから二十年あまりを経て、家郷

☆29　Gorriti 1992-I: 120-25.
☆30　Gorriti 1992-I: 127.

は――叔母の家に象徴されているように――逆にかつての暴力を忘れようとしている場としてとらえかえされている。おそらくこれには、一八七〇年代なかばにおけるアルゼンチン社会の状況の変化が関係している。いまや政治、経済、軍事その他のさまざまな部門で中央集権のための強大な制度がつくりあげられつつあり、かつてのような連邦主義的な州のオートノミーの可能性はほとんどつみとられ、アルゼンチン社会は近代化にむけて邁進しつつあった。バルトロメ・ミトレやサルミエントが大統領の座についたことに象徴されているように、かつての亡命者たちは政治や経済の中心で権力をふるっていた。

ゴリティ自身、大手をふってアルゼンチンにもどることができただけではなかった。『巡歴』を執筆した年の九月には、上院書記官やブエノスアイレス大学自然科学部の学部長、作家、教育者など、ブエノスアイレスを代表する知識人が会してゴリティに敬意を表する集まりが催され、各界の名士からの賛辞をあつめた豪華本、『文学ならびに芸術的栄誉』が進呈され、元大統領ミトレなどの政治家から賞賛の言葉が捧げられたのである。その時期はまた、ミトレが書いた『ベルグラーノ伝』や『サンマルティン伝』など、独立戦争の英雄を中心に描かれる栄光の時代の歴史叙述が、正統性を獲得しつつあった時代にあたる。

ゴリティがそれまでの家郷像を放棄したのには、おそらくはこういった一連の状況変化が関連している。かつてのようなアプローチを捨てて、そのかわりにゴリティが提示したのが『巡歴』における家郷、すなわち外部世界の暴力の存在を否定する場としての家郷である。

暴力を隠蔽する家郷的空間を厭うたラウラは、だから家郷を「逃げだそう」[31]とおもうのだった。そうしてゴリティは、あえてラウラをさまざまな暴力の場へと旅だたせたのである。ラウラは旅の途上でさまざまな暴力にでくわすのだが、ラウラ自身が直接的な暴力にさらされたわけではない。ゴリティは暴力それじたいを直接的に描いたのではなく、旅の途中で遭遇したひとびとの暴力の記憶についての語りを、ラウラが聞くというしかたで叙述していく。つまり、家郷的世界が抑圧しようとしている語りのもとへと、ラウラを送りだしたのである。

ところで、当時の読者は『巡歴』になにを期待していただろう。暴力についての語りだろうか。いや、そうではあるまい。たぶん当時の読者がこの作品に期待していたのは、ひとりの女性がおこなった旅についての旅行記であったろう。読者の知らない土地の風物や習慣をエキゾティックに語った旅行記。たしかに『巡歴』の叙述にそうした旅行記的な側面がないわけではなく、当時の評者のおおくはそうした部分を高く評価していた。たとえば『巡歴』が収録された『生のパノラマ』に寄せた「序」のなかで、歴史家マリアノ・A・ペジサは、「ゴリティは祖国の土地のピクチャレスクな自然をよく知っている。花や果実にあふれた谷がアンデス山峡に消えていくさまや、雪の冠をいただいたアンデスの雪解け水が、その奔流で魅力溢れるあの野を肥沃なものにしていくさまなど、山がちの地域の叙述においては、ゴリティの描く風景は他にならぶものがない」と賞賛している。[32]たしかに十九世紀に書かれたラテンアメリカの諸作品を特徴づけている風景や風俗習慣といった旅行記的な記述は、ゴリティのテクストのあちら

☆31　Gorriti 1992-I: 127.
☆32　Pelliza 1992: 72-73.

こちらで展開されている。

もしかしたらこのような新奇な風景の記述には、十九世紀後半という比較的早い段階から執筆活動で生活の糧を得ていたゴリティの、文章を売るための戦略があったのかもしれない。この作品が他の作品よりずっと分量のあるものとして成立しえたのも、十九世紀のラテンアメリカの読書世界にとって馴染みのある旅行記の形式をとりいれることで、飽きっぽい読者をひきつけることができたからかもしれない。しかしながら、旅行記的な体裁のもとでくりひろげられている風景の記述は、「資本主義の尖兵」たちの旅行記のようにそれじたいで充足するエキゾティシズムの表現にとどまるわけでもなければ、また『ファクンド』のように土着民の心性を形成する鋳型として描かれていたわけでもなかった。『巡歴』の風景は、現地のひとびととの語りからきりはなすことのできないもの、そしてまた語られる暴力の記憶を棲まわせているものとして描かれているのである。そうすることでゴリティは、このテクストを他の旅行記にみられる風景記述とはまったく異なるものにしあげていくのであった。

『巡歴』のなかで、旅行記的叙述はどのように展開されていったのか、いくつかの例をみてみることにしよう。たとえばアルゼンチンのデ・ラス・クエスタスという土地にあるエブロン牧場にいたる風景の場合には、「柳の木々の優しい緑色から樹齢かなりのイナゴマメの木の深い緑色まで、たとえ何色も色ののったパレットでさえ、あの植生が誇示する色彩のすばらしいヴァラエティを再現することなどできなかったろう。岩山の曲線や樹幹のうろ、木々のこんもりした梢では翼をもつものたちが巣をつくり、豊かな旋律からなる歌のリズムでそこを満たしていた」[☆33]といったふうである。旅行記の紋切り型と言ってよいこうした典型的風景を叙述するテクストは、しかしながらその美しい風景のもとに隠蔽されている、祖父の暗い過去の記憶をあばきだす場として記述されていく。そこでラウラは、突如姿をあらわした旅人から、エブロン牧場の所有者だったラウラの祖父が、かつてその土地で若い黒人奴隷の女性を犯し、子供を産ませるとその子を奪いとろうとした、という衝撃的な過去が語られるのを聞き、やがて旅人自身がその子である事実があかされていくのである。[☆34]

あるいはまたリオブランコの小さな駅宿では、ラウラが「わたしの人生で最高の夕食」と感嘆の声をあげた食事が用意されようとしていた。焚火であぶった牛肉のほかには、その土地独特の木パロサントで作った大皿に「アピ」〔トウモロコシ粉〕をあけ、そこにおなじくその地方独特の食材「ミストル」の実の粉と生クリームをいれてまぜあわせた料理。こうしたエスニック料理の記述もまた、叙述にエキゾティックなかくし味をくわえる役割をはたすものとして、旅行記にしばしば書きこまれるものである。だがこの食事は、アルゼンチン警察の横暴のすえに警察が殺した貧しいガウチョと、ガウチョが救った子供についての逸話語りののちには、「貧乏人には正義なんてありませんよ。それは夫もわたしもよくわかってます。だから黙っているしかないんです。だって警察自身がわたしたちを脅迫することになりかねないんだから」[☆35]と話を結んだ駅宿のおかみさんの手によってつくられ、その語りとともに供されたのだった。

☆33 Gorriti 1992-I: 146.
☆34 Gorriti 1992-I: 148-52.
☆35 Gorriti 1992-I: 138-42.

リオ・デ・ジャネイロでは、美しい街なみのなかに建つ瀟洒な館の風景が叙述されているが、やがてその風景は、そこにひとりのパラグアイ女性を閉じこめている場であることが判明する。彼女は、アルゼンチン、ブラジル、ウルグアイ三国の連合軍がパラグアイにたいしてしかけた戦争〔一八六五～七〇年のパラグアイ戦争〕で勝利をおさめたさいに、ひとりのブラジル軍人によって誘拐されてきて、リオのその広大な館に監禁されているのであった。[☆36]

このようないくつもの語りがラウラの旅には書きこまれている。これらの語りにかなりの記述スペースがさかれている理由のひとつは、それらに共通している社会的不正義への憤りがラウラの行動原理のひとつとなっていることにある。さきほどの逸話についていえば、ラウラは祖父のおかした罪にたいしては、その償いをするべく牧場に隠されていた金を贖罪のために使おうとしたのであったし、殺されたガウチョが救った子供についてはその子を家族とひきあわせるべく奔走し、また失敗に終わったもののパラグアイ人女性を救出しようともくろんだ。このようにラウラの旅は、地主や警察や軍人といった社会権力者が、奴隷やガウチョや女性といった被支配的なひとびとにたいしてふるう不正義にあらがう、行動実践者としての自己を遂行していくものとして描かれたと言ってよい。

地政学的な秩序だて

だが他方では、ラウラの行動実践力をもってしてもはたらきかけることのできない語りが『巡

☆36 Gorriti 1992I: 179-82.

歴』には書きとめられている。とりわけ植民地時代の語りがそうである。ラウラはその語りに耳を傾け、ときには自身がおびやかされていると感じたと、のちにペルー在住の友人に語った。こうした叙述のなかに、わたしは『巡歴』というテクストの〈常軌を逸した＝脱中心的な〉ex-centric 可能性のひとつをかいまみる気がする。

その語りはエブロン牧場を出てから数日たったころ、コロニア・リバダビアからベルメホ川をくだって東のコリエンテス州にむかおうとしていたときに雇った、老練な道案内人のベロンから聞いたものだった。ある日のこと、とっぷりと日が暮れて疲弊しきっていた旅の一行は、カヌーを降りた野中に、とある廃墟をみつけ、今夜はぜひそこに泊まろうとしたのだった。だがそこがカンガジェーと呼ばれる場所であることに気がついたベロンは断固それを拒絶した。やむなくその地をあとにしたのちにおちついた焚火のそばではじめて、ベロンはカンガジェーについての逸話を語りはじめた。それはこんな話であった。

植民地時代、カンガジェーは二〇〇のカヌーを保持するイエズス会のもっとも重要なレドゥクシオン〔インディオのキリスト教化を目的とする布教村〕で、周辺のすべての村々と活発な商業活動を営む豊かな村だった。だが同時にそこは、ベルメホ川をはさんだ向こう岸にモコビーの領域をひかえるフロンティアだった。あるとき、カンガジェー村に生まれた美しい赤ん坊イネスが先住民モコビーにさらわれた。母親は周辺のチャコ地域の奥地まで子供をさがしにいったがみつからず、それから数年後、やっとのことでモコビーのあいだで暮らすイネスをみつけだし連れもどした。しかしイネスはモコビーたちといっしょに暮らした「テント集落の放浪の生」を忘れることはできず、成長してからも母親の目を盗んでは川岸からモコビーの領域を見やって泣き暮らしていた。

そんなおり、川むこうのモコビーの若きカシーケのルマリーと恋に落ちた。イネスはルマリーを誘惑し、ついにある夜ルマリーはひそかに川を渡ると、「キリスト教徒になればこの唇はあなたのもの」と改宗をせまるイネスにしたがって洗礼をうけることにした。だが、一部始終を目撃していたルマリーの美しい妻ウラディアはこの裏切りを許さず、カシーケが連れ去られたとモコビーの戦士たちをいいくるめると、かれらをひきいて川を渡り、村に襲いかかった。ウラディアはイネスを殺害し、激怒したルマリーはウラディアを殺すと、イネスの亡骸を抱いて、火のなかに飛びこんだ。この戦いで村全体は姿を消したが、そのときからカンガジェーにはいくつもの幽霊が棲みつくようになった。とりわけウラディアの幽霊はルマリーの名を呼んでさまよい、「その火を噴くような目は、いまだカシーケの愛を奪った若いキリスト教徒の女をさがしまわっている」というものである。[☆37]

ラテンアメリカの女性文学者の研究をしているメアリー・バーグは、このカンガジェーの逸話を、異なるふたつの文化が対立するさまを描いたものととらえたうえで、スペイン人女性とインディオ女性はそれぞれスペイン文化とインディオ文化のメタファであり、この「ふたつの文化」のあいだの死にいたる抗争が語られているとしている。インディオ女性の物理的な破壊

☆37 Gorriti 1992I: 161-67.

の暴力にも、スペイン女性のセクシュアリティの攻撃的な暴力にも出口はなく、結局はカンガジェー村とインディオ集団の両方を破壊に導いてしまった。この逸話では、「人種間、両性間、両民族間、両世代間の関係性の弱さ」が展開されているのであって、そこでは「あらゆるたぐいの共生の可能性」が否定されている、というのがバーグの見方である。[☆38]

このように、カンガジェーの逸話を、「ふたつの文化」の抗争の場ととらえる見方はたしかに魅力的ではある。しかしながら、インディオの文化とスペインの文化という「ふたつの文化」があらかじめ存在していて、それが抗争しあうようすが叙述のなかにあらわれているというとらえかたは、それじたいとして転倒しているようにおもわれる。むしろゴリティの叙述においてはじめて、「インディオ文化」と「スペイン文化」という「ふたつの文化」が分節されたのではなかったか。見逃してはならないのは、そのような記述がなされることによって、『巡歴』が書かれた当時の公的な叙述において抑圧され、抹消されようとしていた植民地主義的記憶のあぶりだしが、可能になっていることである。

ここで植民地時代の語りをあつかうさいにゴリティがとっている叙述戦略を解析するためには、それをスペインならびにアルゼンチンの植民地主義の歴史に隣接させなければならない。さきのベロンの語りが、どこか架空の土地の想像上の時代についてのものではなく、ほかならぬベルメホ川流域にかんする植民地時代の話であること、そしてその物語が語られたのが、十九世紀後半、すなわちフロンティア拡大ないしは「荒野の征服」という大義名分のもとで、ス

☆38 Berg 1994: 76.

ペインによる植民地主義がアルゼンチン政府へと継承されていた時期にあたること、またその植民地主義の歴史のなかで、ベルメホ川は、川ぞいに豊富な森林資源をたくわえているラプラタ水系のひとつとして、植民地主義的利益の宝庫として地政学的に位置づけられたこと。これらのことをかんがえあわせるなら、スペイン王室からアルゼンチン政府にうけつがれてきた植民地化の歴史のコンテクストに、いまいちどカンガジェー＝ベルメホ川の逸話をおきなおしてみる必要がありそうなのだ。

カンガジェーの事件がおこった植民地時代から、その事件についての語りが叙述された十九世紀後半にいたるまでの歴史。そこでのベルメホ川の布置を確認することからはじめよう。

ベルメホ川は、南米のスペイン植民地行政の中心地ペルーを拠点とする植民地化拡大のルートのひとつとして、かなりはやい段階から注目されていたようだ。パラグアイ川を北上したところには南米屈指の植民都市アスンシオンがひかえていて、ここから一五八五年にスペイン軍が南下してきてベルメホ川ぞいにコンセプシオン・デル・ベルメホ村を創設した。この村は北西部（ペルー方面）と北部アスンシオン（パラグアイ方面）の両地域からの植民地化の流れが合流する場所として、きわめて重要な役割をはたすようになった。しかし同時に植民地化への抵抗も激しく、たとえばコンセプシオン・デル・ベルメホの場合、たえずトバやモコビーなどの先住民諸集団の襲撃をうけつづけたあげく、一六三三年にはとうとう村全体が放棄された。[☆39] それ以後ながいあいだ、チャコ地域はインディオ諸集団の支配にゆだねられたが、それでもくり

☆39　コンセプシオン・デル・ベルメホの植民地化の歴史については、Zavala 1977: 108 et seqq. 参照。

かえし周辺地域からスペイン軍の侵略をこうむることになった。十八世紀末には、先住民諸集団とスペインのあいだに一応の和平が成立したが長続きせず、アルゼンチンの独立以後も同様の状況がつづいた。

あるときは植民地化の軍事力がまさり、またあるときはそれに抵抗する軍事力がまさるといった具合に十六世紀前半から保たれてきた軍事的な拮抗状態は、十九世紀後半、とりわけ一八七四年、すなわちゴリティの『巡歴』が書かれる前年にチャコ地域の全面的制覇をかかげたアルゼンチン政府の軍事政策によって、おおきく変化していく。皮革産業の拡大にともなうタンニンの需要拡大や、鉄道の枕木や電信網の発達にともなう電柱用の硬質材需要の爆発的増加などから、チャコ地域に豊富なケブラコその他の木材需要がたかまった。この需要拡大を背景に、チャコ地域の全面的な軍事制覇と植民地化を目的とする法令が布告されたのだった。これ以後、一八八〇年七月にその名もカンガジェーなる場所において展開されたトバの軍勢との戦闘までのあいだに、チャコ地域のかなりの部分が、アルゼンチン軍のもとに掌握されることになる。『巡歴』が書かれた一八七五年ごろのベルメホ川とは、数世紀におよぶ軍事的均衡が崩れつつあった時期に相当する。

ところでまた、ベルメホ川とよばれるこの川の流れが、ボリビアからサルタ州を経てチャコ地域を横断し、パラグアイ川に合流してラプラタ河口へ流れこむ川として、ほかならぬそのような流れの全体像を有する川として認知されるようになったのも、ちょうど同じ時期のことである。ベルメホ川がこのような経路の流れとして認知されるようになったのには、チャコ地域にかんする科学的言説の展開が深くかかわっていた。そしてこの科学的言説の制度化は、まさに『巡歴』が書かれつつああった時期に急速に進展したのである。

そもそもスペイン植民地時代はおろかアルゼンチンが国家としての体をなしてからも、チャコ地域で大々的な科学的探査のキャンペーンがはられることはなかった。植民地化の目的と植民地化していくための物理的条件は、まずもって植民支配をする側にとっての見えざる世界を可視化し分類可能なものにすることによって、のちの支配をたやすいものにすることにある。ベルメホ川流域についていえば、植民地時代からなんども散発的な探査はおこなわれ、探査の試みから得られたデータは蒐集されていたとはいえ、そこは全面的に可視化されてはいなかった。だからアルゼンチン政府は、チャコ地域の征服にかんする一八七四年の法令を発布するにさいしては、現地の地理学的な情報の収集に力をいれるよう命じたのだった。[☆40]

この一八七四年の布告で測量責任者代表に任命され、「ただちに」同地域の探査に着手すべしと命じられたアルトゥーロ・セールストラング博士一行は、さっそく調査にのりだした。そして六か月におよぶ詳細な調査をまとめて、二年後の五月に報告書を提出している。その報告書では、現地の地理学的データや気候、植生、周辺のインディオ諸集団の状況などが調べあげられ、すくなくとも三枚の地図が作製されている。アルゼンチン南部のパタゴニア領域の軍事調査とくらべると、セールストラングの北部チャコ地域の探査は不十分と言わざるをえなかっ

☆40　一八七四年の法令はSeelstrang 1977に所収。

たが、これをもってアルゼンチン政府によるチャコ地域の地理学的調査が本格化された時期といってよいだろう。むろんベルメホ川もこの科学的調査の対象とされていた。

ベルメホ川の探査にあたっては、セールストラング一行も『巡歴』の主人公とおなじように、「バケアーノ」ないし「バキアーノ」〔道案内人、アルゼンチンではしばしば「バケアーノ」となる〕を雇っていた。次章で詳しくあつかうことになるが、こうした道案内人のおおくは現地の村や駅宿で雇われ、馬やラバやカヌーなどの運搬手段を旅人に保証することのほかに、土地の形状や通行可能なルートにかんする経験的知識の持ち主として珍重された。まともな地図のほとんどなかった十九世紀なかばごろまでのアルゼンチンを旅していたのであれば、アルゼンチン人だろうとヨーロッパからの外国人旅行者だろうと、道案内人に頼って旅をせざるをえなかった。しかしながら一八八〇年代ごろまでに測量情報や地形や植生などに関する調査情報のテクストが蓄積されるにしたがって、いわば歩く地図としての道案内人の存在意義にはおおきな変化が生じはじめるのである。セールストラングの報告書にはそのことがはっきりとしめされている。

バケアーノたちから供給された情報によれば、ナクルトゥー島〔原意は〕フクロウ）にたどりつくまでにはそれまでの二倍の距離があって、そこまでベルメホ川はずっとおなじ調子で流れつづけて、ナクルトゥー島ではじめて高台の乾いた土地がはじまるのであり、それはペイジ船長が確証するところによれば南緯二六度二六分、グリニッジ天文台子午線の

西経五六度一分に位置する。[☆41]

このように、一八七〇年代なかばのセールストラング一行の測量旅行では、道案内人の発話は、それ以前に蓄積されてきた測量数値のテクスト、とりわけペイジ船長の測量記録と照らしあわされ、そのテクストに従属させられ、テクストにしるされた数値へと変換されてしまう。これは次章でみるような十九世紀前半の状況とはかなり異なるものである。ちなみにここで参照されているのは、軍艦「ウォーター・ウィッチ」号にのったアメリカ合州国海軍の軍人トーマス・ジェファーソン・ペイジが、ラプラタ河口からパラナ川とパラグアイ川をさかのぼっておこなった測量で作成した一八五五年の地図である。

セールストラングの断言によれば、ペイジ船長の調査報告と地図は調査対象流域にかんして依拠することのできた唯一のものであったために、[☆42]セールストラングにとってはみずからの測量旅行を導く教科書に等しかった。ペイジ船長が探査してから二十年間に変化した川床についてあらたにもたらされた情報は、ことごとく先だつペイジのテクストに結びつけられて理解された。いってみればセールストラングにとって、その流域一帯はすでにペイジによって書かれている世界であって、ただ若干の差異や修正がもたらされる以外、あたらしいものはみいだされるはずはなく、偶発的なできごとも、すでにそこにあるテクストの起伏としてしか認知されない。道案内人がもたらす情報は副次的なものにすぎないばかりか、道案内人についての言及

☆41 Seelstrang 1977: 36. 括弧内はセールストラング。
☆42 Seelstrang 1977: 18, 97.

さえほとんどなされていない。くりかえすようだが、これは十九世紀前半の旅行記録との最大の差異である。

ペイジ船長の権威的テクストにのっとって、ブエノスアイレスが位置するラプラタ河口から上流へ、つまり中心から周縁へさかのぼっていくルートを絶対的なものとする、セールストラング博士のテクストの世界観のなかでは、ベルメホ川はパラグアイ川の数多くの支流のひとつにすぎず、ラプラタ河口へと水をもたらす従属的な川のひとつにすぎない。このようにとらえかえされるとき、ベルメホ川に固有のものはことごとく排除されてしまう。たとえ川幅の変化や土地や島のちがいがあるとしても、それはラプラタ河口にいたる河川全体の同質性のなかにあって、すでにおりこみずみの大小にすぎない。このようにセールストラングのテクストは、ベルメホ川流域をアルゼンチン国土という全体性のなかに、ひいてはアメリカ合州国軍人のテクストを介してグリニッジ子午線を基準とするイギリス帝国中心の、ワールドスタンダードな均質的全体性の一部分にすぎないものへと読みかえていったのだった。『巡歴』が書かれた一八七五年とは、〈中心－周縁〉関係からなるグローバルな全体性のなかにチャコ地域をくみこんでいく過程が制度化されつつあった時期である。

ところがこうした地理学的な探査の記録とはまったく異なるしかたで、ゴリティはベルメホ川を叙述したのである。

セールストラング一行がパラナ川流域の調査をおこなっていたちょうどそのころ、そこから数百キロはなれたピルコマージョ川では、ルイス・ホルヘ・フォンタナをふくむ調査団が同様の探査をおこなっていた。フォンタナは、南部パタゴニアでの対インディオ戦で軍功をあげたことから、北部チャコ地域の軍事作戦でも指導的役割をはたすべく期待されるとともに、チャコ統治の行政補佐官という高い地位を約束されて、チャコ地域にやってきたばかりだった。[☆43] かれは、軍人として、また行政官として地理学的探査に加わる機会を利用して、現地の動植物についての詳細な情報を収集しては、セールストラング博士にそれを提供して「すばらしい博物学者」とたたえられ、[☆44] みずからも水路学や気象学、民族学、動物学、植物学を網羅的に調べ論じた『大チャコ』（一八八一年）を出版することになる人物であった。[☆45]

奇妙な偶然から、このフォンタナとゴリティはあるひとつのテクストを介して結びついていた。前述したように、一八七五年九月には各界の著名人がブエノスアイレスに会して、ゴリティに『文学ならびに芸術的栄誉』を贈ったわけだが、フォンタナはこのなかで、ゴリティに賛辞を寄せていたひとりだったのだ。かれはその二か月まえにピルコマージョ川の探査を終了したばかりだった。

『文学ならびに芸術的栄誉』のなかで、フォンタナはゴリティ礼賛をこのようにはじめてい

☆43 Maeder 1977: 12-13.
☆44 Seelstrang 1977: 60.
☆45 Fontana 1977.

た。

肥沃な平野と無限の森林のなかのきわめて広大な孤独がチャコ統括区の領域を形成していて、その領域をベルメホ川とピルコマージョ川のふたつの川がよこぎっています。すでにベルメホ川は、内陸のもっとも孤立したアルゼンチン諸州の商業的な動きにとって有益な道となっており、またピルコマージョ川の探査についてもわたしたちは着手していて、やがてこの川もまた、そう遠くない将来には、ボリビア南部と西部のもっとも重要で種類の豊富な産品を、広大な世界市場まで導くことになるでしょう。（中略）ゴリティ女史は、パラナ川やパラグアイ川を、ベルメホ川やピルコマージョ川との合流点までさかのぼるのであって、わたしたちはそこでもっとも美しく感動的な景観にたちあうことになるのです。☆46

だがこのフォンタナの読みには、かなり意図的な誤読がある。フォンタナはゴリティの『巡歴』のルートを、大西洋やブエノスアイレスを中心としたルート、つまりラプラタ河口からパラナ川、パラグアイ川をさかのぼり、それらの主流河川に流れこむ支流としてのベルメホ川を上流へとむかったとしている。だが、これはあくまでペイジ船長やセールストラング博士の、そしてブエノスアイレスの中央政府からチャコに派遣されたフォンタナ自身のルートであり、言いかえればアルゼンチン政府による植民地化運動やアメリカ合州国の植民地主義的な欲望の

☆46 Casavalle 1992: 39.

眼差しがたどったルートである。だがゴリティは、『巡歴』の主人公に、そのような十九世紀アルゼンチンの植民地主義的な流れとは逆方向のルートをとらせたのである。中心が周縁をあきらかにし理解可能なものにしていくことをつうじて、認識論上の征服を可能にするといった時代的な眼差しの方向とは正反対のルートを、あえてゴリティはとろうとした。そうすることのなかで、ほとんど反＝時代的といえるような旅行記を実現したのである。

それからまたもう一点、ゴリティによるベルメホ川の叙述を地理学的な探査の言説と異ならせているものがある。それが風景である。ゴリティをたたえる賛辞のなかで、フォンタナはゴリティの描いたベルメホ川の風景をこのように読んでいた。

〔ゴリティの描く川の描写では〕鳥たちはさえずるでしょうし、とても色鮮やかな花々は、あの熱帯地方の純粋で健康的な空気のなかに神々しいまでの香りをただよわせるでしょう。しとやかなヤシの木やセドロ杉はその通り道に傾いでいて、川は真夜中の静寂のなかではじめて聞くことのできるさやかなる響きをたてています。きらきら輝くエナメル色の虫たちが飛びたてば、万物の壮麗な歓びにくわわりたいと願うなにかの貴石や黄金に光る魚が、その豊かな流れにうながされて、クリスタルガラスのような水の表面を割ることでしょう。☆47
全くの無人、完璧な野生の王国！

☆47 Casavalle 1992: 39-40.

フォンタナの読むゴリティのテクストとは、フォンタナ自身がおもい描くチャコ地域の理想的風景にほかならない。そこには先住民の姿もなければ、かれらとなんらかの交渉をもっている現地のひとびとも消去されている。人類未踏の大自然の地としてベルメホ川流域を描くこのような世界観のもとでは、徹底した征服と植民地化の軍事政策は、なんら暴力的なものとして表現されはしないのだ。このような大自然の風景とは、植民地化の暴力を隠蔽するひとつの装置にほかならない。

そしてまたここでも、フォンタナによる『巡歴』の読みから意図的に排除されているものがある。フォンタナがセールストラング博士に提供した植生分布からも、またセールストラングやフォンタナ自身のテクストからも切り捨てられていたもの、すなわち、それらの動植物とその土地に生きているひとびとのかかわりあいの歴史、たとえば道案内人の発話に含まれていたであろう逸話といったものである。しかしながらゴリティは、フォンタナやセールストラングが削り取ってしまったものをこそ、書きとめたのだった。ゴリティの叙述のなかでは、その土地の木々は、その木をその場所からひきはなしてラテン語の学術名で区分けされたタブローのなかにおくことのできないもの、そうすることによっては消し去られてしまうものをはらんだ対象として描かれている。

たとえば『巡歴』では、道案内人にむかって、「なんて葉が密生した木でしょう」という言葉がラウラ一行のひとりから投げかけられた。するとベロンはそれに「カッポクノキです」と応えただけでなく、それにつづいては、「その枝からひとりの金持ちの農場主が首を吊ったんですよ。というのも、恋人がトバにさらわれましてね、でも恋人を救うことができずにいて、しかもその恋人というのが野生人のなかにいてすっかり満足していたことがわかったもんだから、絶望してその恩知らずの女の目からみえるところで死んだんですが、恋人はそれを対岸からみていたんですよ」と語るのだった。[☆48] ベロンにとってそのカッポクノキは、カッポクノキそれじたいとして採集して他の植物とともに博物館に陳列することなどできないものであり、それをたとえばブエノスアイレス大学の自然科学部の研究室にもちこんだところで、なんの意味もなさない。カッポクノキは、ベルメホ川のその場においてはじめてそれ固有のものとして認知されるものだからである。また「あのヤシの老木をおおっている赤い花の蔓の木はなんて美しいのかしらね、ニョ・ベロン〔ベロンおじさん〕?」と問いかけられると、「もともとは白い花だったんですがね、改宗したインディオの美女タピータがおなじインディオに矢を射られて殺されて、ヤシの木の枝に吊るされてからというもの、タピータの血で赤く染まっちまったんですよ」との応え。[☆49] このようなしかたでベルメホ川流域の植物は、その土地の歴史的コンテクストから純粋にそれだけを切りとって、別のコンテクストにはりつけることのできないものとして語られ記述されたのである。

　しかもそれらの木々にはりついている歴史的な逸話の記憶は、「ふたつの文化」のどちらか片方がもう片方を一方的に征服したり攻撃したりするのではないしかたで、しかしながら、予

☆48 Gorriti 1992I: 159.
☆49 Gorriti 1992I: 159.

定調和的な〈共生〉などといった言葉からはほどとおいしかたで関係をとりむすんでいたものとして語られている。というのも、農園主の恋人はトバにさらわれたが、彼女自身はトバ社会での生活が幸せで、農園主のもとにあえてもどろうとはしなかったのだし、インディオ女性のタピータは自分の宗教を捨ててキリスト教に改宗したとされているからだ。

そして、まさにこのような語りのなかで、「インディオ文化」と「キリスト教文化」という「ふたつの文化」は分節されるのである。「ふたつの文化」は、ベロンの語りのなかで、というよりその語りを記述するゴリティのテクストにおいてはじめて分節される。しかもゴリティは、たがいに奪いあい誘惑しあうものとしてそれらの「文化」を接触させている。つまりベルメホ川は、ベルメホ川についての語りの記述の場において、ひとつのコンタクト・ゾーンとしてせりあがってくるのである。

そのことをさらにはっきりしめしていたのが、前述したカンガジェーの逸話だろう。ベロンが語ったあのエピソードのなかで、スペイン人のイネスはモコビーの手でキリスト教世界から奪われたのだが、同様にモコビーのルマリーは、イネスの色じかけと教唆によってインディオ世界から奪われたのであった。またイネスは、母親のもとに連れもどされてからもずっとモコビーの生のありかたへと誘惑されつづけたのであったし、ルマリーはと言えば、イネスによってキリスト教化へと誘惑されたのだった。カンガジェーの語りとは、そこにおいて分節される〈スペイン＝キリスト教文化世界〉と〈モコビー＝インディオ文化世界〉がたがいに奪い奪われ、誘惑し誘惑される場として感知させるものだったのである。

たがいに奪いあい誘惑しあうものとして「ふたつの文化」のかかわりあいを描きだす叙述。このような叙述は、「ふたつの文化」を敵対関係の概念だけで理解しようとする、植民地主義にとってはまことにつごうのよい見方を挫折させてしまうのである。ゴリティ的なとらえかたのなかでは、ひとつの勢力がもう一方の勢力をただ一方的に支配し、統合し、同化していく過程として歴史を描くことはできなくなるだろう。ゴリティは、どちらか一方がもう一方を吸収するのでも消去するのでもなく、またこの逸話についてバーグがいっているような破壊ですべてが終わるというわけでも決してないしかたで、その抗争を叙述しているのである。

なにより注目しておくべき点。それはゴリティが、植民地主義的な抗争の記憶を、近代化の時代においてなお、完全に抹消することのできないものとして描いていることだ。その記憶こそは、勝者と敗者の分節化そのものの外部に排除されてしまっているものである。そしてその記憶は、いまなおさまよいつづけて夜中ずっと「凍るような恐怖」をラウラにあたえた女の幽霊がそうであるように、それじたいを分節化することができないなにかとして、現在へと回帰してくる。そのことが、ほかならぬ植民地化の暴力についてのゴリティによる書記行為＝分節化の過程において、しめされているのである。

カンガジェーの逸話が語られたのちに寝床にはいったラウラは、「眠ることなどとうていできはしなかった」といっている。なぜなら「わたしは、ハンモックのうえをよこぎって飛びまわる蛍の一匹一匹に、そのインディオ女性の燃えるような両眼をみていたからだった」[☆50]。飛んでは消え、消えてはまたあらわれる蛍の光のように、カンガジェーのウラディアの幽霊は、すでに終わったものとしてかたづけることのできない植民地主義的歴史の記憶として、一八七五年の現在へともたらされ、近代化の繁栄に酩酊するひとびとの歴史観をさかなでするのである。

☆50 Gorriti 1992I: 168.

第三章　グランジ――植民地主義的言説の再読

プラット的読解へのもうひとつの疑問

十八世紀末、西洋世界にはもろもろの思想をフルに動員する均質な知の体系が構築された。非西洋世界はこの知の内部で地理表記化され、理論的にマッピングされ、図表化されていった。こういった一連の作業をつうじて、非西洋世界は、西洋を中心とする帝国的ヒエラルヒーの周縁として領有され、西洋より劣っているが西洋にとって親和的な場として、西洋の植民地主義的言説にとりこまれていった。世界的な規模でのこのような諸空間の序列化は、とりもなおさず、非西洋世界にむけての西洋のヘゲモニーの拡大をおしすすめ、そのヘゲモニーをゆるぎないものにする帝国主義的言説体系の土台である。十八世紀末とは、その意味で帝国主義がそのもっとも深いところで始動しはじめた時期なのであって、この時期に西洋世界に生まれたフィクションやあたらしい歴史叙述、あるいはまた哲学的言説といったものが帝国主義と土台を共有していたことを忘却するわけにはいかない。

サイードは『文化と帝国主義』のなかでこのようにのべるとともに、非西洋世界を西洋の知の体系のなかに領有するにあたって重要な役割をはたしたのが、旅行者や商人、学者、歴史家、小説家といった「ヨーロッパ人観察者の権威」であったと指摘している。[☆1] ラテンアメリカにおいてもまたしかり。鉱物資源調査などを目的としてラテンアメリカにやってきた旅行者をさしてプラットのいう「資本主義の尖兵」は、そうした「ヨーロッパ人観察者の権威」の一部であった。

ところで、プラットによれば、「尖兵」たちの言説は、西洋の都市ブルジョアジーの価値観のもとに南米大陸の事物をことごとく断罪するものだったという点で、きわめて均質かつ一元的であったという。かれらは一様にラプラタの自然的風景を醜悪なものとして拒否し、プラグマティックで経済主義的なレトリックをもちいつつ、生産を合理化したり拡大することが不可能な遅れたものとしてラテンアメリカの経済を批判したというのである。プラットによれば、「資本主義の尖兵の言説の基本線ははっきりしている。それつまり、アメリカ〔大陸〕は産業と効率の舞台に変換されなければならず、そのコロニアルな住民は、怠惰で階層未分化のままで欲望も趣味も現金ももたない不潔な大衆から、賃金労働者と宗主国の消費財のための市場へと変換されなければならない、というものである」[☆2]。はたしてそうであろうか。

なるほどプラットのいうとおり、「尖兵」たちによる旅行記の記述は、ラテンアメリカの風景や社会を遅れたものとして固定化しようとするものだという点で、きわめて均質的かつ一枚岩的《モノリティック》であるかもしれない。旅行記述のなかでもちいられている時間のトリックにも、帝国

☆1 Said 1993: 6870.
☆2 Pratt 1992: 155.

主義的な言説は明白にあらわれている。たとえば、一八四二年から十年あまりにわたってブエノスアイレスに滞在したアイルランド商人ウイリアム・マッカンの『アルゼンチン諸州をめぐる二千マイルの馬旅』。食べなれたイギリスふう「ブレクファスト」をパンパのただなかでとり、青空のしたで愛するひとたちを夢にみること以上の快楽はないとしたうえで、マッカンがいうには、「そのときミルトンやシェークスピアが描いたような田園の生が喚起された☆3」。この最後の一句が発されたとたんに、十九世紀なかばのパンパは、当時のイギリスが失ってしまった過去のふたつの表象——貴族と田園生活——とつらねられる。そのようなものとして「喚起」されることによって、パンパは突如として時間の止まった場へと変貌し、そこでの生はあたかも博物館や美術館の陳列棚にならべられたオブジェのように、観察者によって鑑賞され愛玩される時間なき対象へと変えられてしまうのだ。

しかもそれは、通常想定される博物館や美術館ですらない。パンパは、シェークスピアの作品においてもミルトンの作品においても登場しうる、いいかえれば厳密にはそのどちらのどの作品にも固有でない陳腐な空間表象を模倣しているにすぎず、イギリスのマスターピースがつくりあげ典型化した、つまりはイギリスに起源をもつ凡庸で紋切り型の生の表象を反復するだけの、歴史的現在なきクリシェの空間に変えられるのだ。それはすでに過去のイギリスの文学者によって書かれ、また十九世紀のイギリスの知識人がすでにみたことがあるものとして「喚起」されうる、馴染み深くも手垢にまみれた風景である。イギリスで生産された風景を起源に

☆3 MacCann 1971-I: 98.

すえ、その表象を模倣したものとして非西洋世界の空間を措定することをつうじて、非西洋世界は、著者author、イギリスの権威authorityを保証する劣位の空間として、しかしながら同時に、イギリスにとってきわめて親和的でアットホームな実感をあたえてくれる空間としてマッピングされる。このように、一見したところ非政治的な記述も、帝国を中心とした非西洋世界の序列化と認識の地図化をうながす、帝国主義的な機能をはたしているのである。

　とりわけ非西洋世界の空間が過去の時間でなく十九世紀の現在と結びつけられるとき、そのときにはレトロスペクティヴな審美的表現は払拭され、帝国主義的な利害関心がむきだしになる。トゥクマン州を旅するアンドルーズ大佐は、マッカンとおなじようにミルトンのエデンの園とトゥクマンの風景を類比させながらも、「このような自然の驚異が、いつの日かはるか遠くにいるイギリス人たちによって踏査され、鉱山開発にゆだねられて、国の商業的な富に利するようになりますように」との祈りを書きそえるのを忘れなかった。そして、州議会議員トマス・ウガルテとともに近くの山稜を眺めやりながら、ひろがるその山麓付近にとおからずして実現されるであろう産業の空中楼閣をおもい描いてみせるのである。「わたしたちは豊かな鉱脈を採掘し、鋳造炉を建設し、高いところで働き蜂のようにせっせと動きまわっているおおぜいの労働者たちをおもいうかべた。そしてこの広大で無人の地域が、九千マイルから一万マイル四方にわたってイギリス人のエネルギーによって植民されると想像してみるのだった[☆4]」。

　いまやミルトンの楽園は、帝国の占有と横領の欲望によって埋めつくされる。それはもはや

☆4 Andrews 1971-I: 214-15.

失われた楽園を再現する空間ではなく、約束された未来の実現を待ちかねている空間である。「ありふれた勤勉さでもって、ほんのすこしばかりの技術のたすけをかりて自然の生産性を高めるのはどんなにたやすいことだろう」。けれども、豊かさの保証された大地の未来は、その土地に住んでいるひとびとによってはとうてい実現されえない。「まさに宇宙の庭園にいながら、これほどに嘆かわしく時間を無駄に費やしているだけのひとびとを目にするのはまことにつらいものがある。かれらの怠惰な慣習は、まがうことなくかつての主人からうけついだものだ。もしやバスク人をのぞいたスペイン人は、ヨーロッパでもっとも怠惰な人種ではなかろうか。かれらの怠惰は、必要なものはすべて自然があたえてくれるこの乳と蜜の地で避けがたく増長したにちがいない」[☆5]。自然的風景は、こんどは現地の住民の人種的劣等性を証拠づけ説明する原理としてもちいられることになるのである。

つまりはこういうことだ。現在から切断された、過去の時間のたゆたう審美化された静態的な空間表象は、十九世紀なかばの現在に接合されたとたんに、怠惰な民を棲まわせ、その怠惰な性質を増長させる空間表象へと変貌する。そのとき過去は、もはやミルトン的な楽園をやどす時間でなく、植民地時代の遺産として現在にもたらされた劣等性の負の遺産にほかならない。だから、いまやそういった過去や現在からきりはなされた未来にこそ楽園は実現されるのであり、その未来をもたらすのがイギリスだというのである。スペインからのラテンアメリカ諸国の独立をいちはやく承認したイギリスの旅行者たちは、独立戦争の戦火が消えてまもない

☆5 Andrews 1971-I: 188.

ラプラタで、帝国の論理を忠実になぞってみせるのだ。かつての宗主国より優れた人種からなる新参国イギリスをあたらしい宗主国にすることを、ラテンアメリカの大地と社会は求めている、と。

しかしながら、どうだろう。旅行記はたんに副次的で非正統的で分析に値しないテクストなどではなく、植民地主義的言説の生産の場で、きわめて重要な役割をはたしたとするプラットの主張はまったく妥当であるにしても、彼女の読解は、植民地主義的言説の生産という側面を重視するあまり、ヨーロッパの支配のテクノロジーだけを強調し、支配する権力の水ももらさぬ強大さだけを記述するものになってしまっているのではないだろうか。支配の技術の一部としてテクストをとらえるなら、そうした読解のなかで旅行者＝書き手は、劣性の現地住民に混じることなく、つねに安定した高処の視座から、ヨーロッパの優越する力にものをいわせて周囲の非ヨーロッパ世界を睥睨する中心的な観察者としてたちあらわれるだろう。だが、書き手のそういった自己表象の完璧さをわたしは疑う。旅行記が支配装置の一部として機能したことそのものを疑うのではない。そうではなくて、書き手の自己表象がそれほど一分の隙もなく、テクストの内部で完遂されているだろうかと疑うのだ。たぶんヨーロッパ人観察者とそのテクストの権威は、非ヨーロッパ世界を異なる思考体系のなかに暴力的におしこみ、その思考体系の内部で理解し、分類や分析の可能な対象として客体化し、かつそうした客体として表象することのなかに、その権威の源をもっている。植民地主義的言説は、この権威のうえに構築される〈観察し記述する主体〉と〈観察され記述される客体〉の絶対的な二項対立からなるヘゲモニー関係を固定化する。ただ、わたしが疑ってかかるのは、はたして非ヨーロッパ世界はそのような客体として成功裡に表象されえているだろうか、あるいは旅行記の書き手の帝国主義的な眼差しによって消費されつくしているのか、という一点である。

ここでわたしが具体的におもいうかべているのは、旅行記ができれば叙述せずにすませておこうとしているにもかかわらず、旅行記というその性質上、避けるわけにはいかない現地のひとびととの接触の場の記述である。それも高処からみおろして観察される〈群れ〉としての匿名のひとびとではなく、ともすれば、「ドミンゴ」☆6、「ドン・パンチョ・ロドリゲス」☆7、「ピサロ」とその友人「クルス」☆8といった固有名で呼ばれることさえあって、単純に〈群れ〉へと還元されていない、現地の道案内人との接触の場の記述である。いいかえれば、旅行者とあるひとつのエスニシティとの出会いであるとか、複数のエスニシティ間の接触といったような、文化論的な枠組みのなかで語られる遭遇の物語、ないし説話的な磁場としてとらえられたさいの接触領域の外部にひらかれる接触の場の記述、ということになるかもしれない。おおくの場合、旅行記にとっていわばどうでもいいことがらとしてテクストの余白に書きつけられていたり、偶発的なできごととして前後の叙述と有機的に関係づけられずに書きながされているだけのこうした接触の場の記述においても、はたしてコロニアルな表象は貫かれているだろうか。そうした接触の場におけるひとびともまた、植民地主義的言説を構成する怠惰な人間であるとか、約

☆6 Beaumont 1957: 162-63.「ラスバカスまでわたしと同伴者を連れていってもらうために、ひとりのガイドと十頭の馬を調達しようと、わたしはドミンゴという名のひとりの老人となんとかおりあいをつけた」。

☆7 MacCann 1971-II: 39.「わたしたちはサンタフェとコルドバの往復で九十二銀貨silvar dollarを支払うということでドン・パンチョ・ロドリゲスとおりあい、ドン・パンチョは十八頭の良質の馬と三人の男を連れてきてくれると請け負った」。

☆8 Head 1967: 51.「ブエノスアイレスからメンドサまでひとりで旅するにあたっては、ビルローチェ、つまり後部に降り口があってふたつの側席がついている二輪馬車を使うことになり、そこにはふたりのペオン〔労働者〕が乗った。そのうちのひとりはすでに千二百マイルも旅をしていた

束された未来を実現するイギリスを、アンドルーズ描く州議会議員トマス・ウガルテのように、みずからすすんで受けいれる協力者であるといった表象――それは帝国主義にとってまことにつごうのいい表象であるわけだが――によって完全に再現されつくしているのだろうか。

旅行者は、ヨーロッパ人の優越性を誇示する記述を展開する一方で、その優越性をもってしても自分ひとりの力でラプラタを旅することができたわけではない。商業開発の可能性を探ると同時に、アルゼンチン政府とイギリス政府間の移民事業に深く関与したジョン・A・B・ボウモントは、一八二六年から翌年にかけてアルゼンチンとバンダ・オリエンタル（現ウルグアイ）を訪れたさいの旅行記『ブエノスアイレスとラプラタ隣接諸州の旅』のなかで、道案内人ドミンゴを雇うにあたって、わずかな例外をのぞいて駅宿の設置されていないラプラタの道をいくためには、「道案内人ないしバキアーノ、またはわたしたちが御者と呼ぶ人間を、旅に必要な馬一団ぶんの金を払うことを条件に雇いいれるほかに手だてはない」、と言っている[☆9]。また、チリの銅山開発の予備調査のために一八一九年から二五年までアルゼンチンとチリに滞在したジョン・マイアーズは、アルゼンチンからチリに渡るアンデス山脈越えの旅をしたさい、アンデス麓の「メンドサに外国人が到着すると、どのように旅をつづけたらよいのかわからず途方にくれてしまう」[☆10]が、現地で「アリエロ」と呼ばれる道案内人の力を借りればアンデス越えも可能になるとのべ、ウイリアム・マッカンは、大雨が降ったあとの霧深い道を行くには、ひとりの道案内人に頼らなければならなかったと回顧している[☆11]。旅行者は、このように道案内

ピサロで、もうひとりは一日に一二〇マイルの距離を三日間も旅していたピサロの友人クルスだった」。

☆9 Beaumont 1957: 163.
☆10 Miers 1826I: 344.
☆11 MacCann 1971I: 149.

人の力を借りなければ、観察はおろか旅の一歩を踏みだすことさえままならなかった。つまり、遅れた住民という表象のもとにラプラタのひとびとを綜合しようとする植民地主義的言説は、接触の場の記述では、奇妙なほどかれらの力に依存する書き手自身の姿をさらけださずにはいなかったわけである。

ラプラタにかぎったことではない。十九世紀のコロンビアのアンデスにおける「シリェーロ」、すなわちおおきな椅子を背負い、そこにヨーロッパ人旅行者を座らせて運んだインディオの運搬人夫と旅行者の関係について、文化人類学者の齋藤晃は示唆に富む解釈をおこなっている。「旅行者にとっては、最初は何ら問題がないように思われる。インディオは荷馬にも劣る野蛮人であり、彼らはこの野蛮人に労働のありがたみを教えてやるのである。どうしてその背に乗るのをためらう必要があろう。しかし、一行が文明の領域である町を離れ、奥深い山中に分け入るにつれて、旅行者は主従関係がいつの間にか入れ代わってしまったことを痛感させられるだろう。彼ひとりではもはや歩くこともかなわぬ峻険な山道を好きなように担ぎ回されているという思いは、旅行者に否応なしに屈辱的な隷属感を与えずにはおかない。馬に乗った騎手よろしくインディオの脇腹に歯車をかまし、優越感を維持することもできようが、怒ったインディオに谷底にほうり込まれる恐怖感がそうすることを思いとどまらせよう。結局、独裁者であることの孤独に疲れた旅行者はインディオとの間に、より対等な信頼関係を築きたいという思いに駆られずにはいられないのである」[☆12]。支配権力をふるい相手を奴隷化することによ

☆12　齋藤　一九九三・八〇〜八一。強調は林。

って生じる、主従関係の奇妙な交替。支配的な行為によって、ほかならぬ支配している側が捕獲されてしまう恐怖。そのような記述のトポスにおいてなお、植民地主義的な表象は変わらず実現されているだろうか、とわたしは問うのだ。

念のためにつけくわえておけば、わたしはこうした記述のなかに、いわゆる民衆の真実の姿や歴史的実体といったものの証拠をみつけだそうとしているのではない。そうではなくて、こうした接触の場の記述のなかに、テクストのほつれやかぎ裂きをこそ、みようとしているのであって、テクスト外の実体的ななにかを直接そこにみることは不可能だとかんがえる。ただ、こうしたほつれをかがって一枚の連続する植民地主義的言説の布を織りなおすのでなく、それをいわばグランジgrungeのまま、みすぼらしく擦りきれたり色が剥げおちた不格好なありさまのままに残しておくこと。いかがわしさや曖昧さの混ざりものとしてテクストを読みなおすこと。いいかえれば、テクストのなかで排除されようとしているものや、書き手が見せないでおこうとしているものにまでテクストの読みを拡大してみること。そのことのなかに、旅行記のもうひとつ別の読みかたがあるのではないかとおもう。

中断する「ノ」そして「キエン・サベ」

聖書や怪物伝説、驚異譚、うわさ話であれ、より「科学的」で「実証的」な裏づけのとれたガイドブックや旅行記、新聞・テレビのニュースであれ、もろもろのメディアによってあらかじめテクスト化された〈現実〉に導かれてなされるもの――それが旅行だと言ってよいだろう。「資本主義の尖兵」たちも例外ではない。たとえばボウモントは先行する他の旅行記をみずから参照しているだけでなく、「知的で情報の豊富なこれらの旅行者の著作を読まずしては、いかなる人間も資本も南米に上陸すべきではない」と断言する。そしてイギリスのリオプラタ鉱山協会の技術責任者として一八二五年にアルゼンチンにやってきたフランシス・ボンド・ヘッド船長、ならびにマイアーズの旅行記を事前に参照すべしと読者に命じている。[☆13] またアンドルーズは、同時期にラプラタを訪れたヘッドとマイアーズ両者から情報を得ているといったぐあいに、[☆14] 旅行者の記述は相互に密接な間テクスト性の網目を形成していた。植民地主義的言説とは、このような間テクスト的ネットワークが保証するテクスト的〈現実〉のうえに構築されるメタ・ディスコースのことである。

　間テクスト的ネットワークのなかで、十九世紀はじめのラプラタがどのような〈現実〉としてあったかについては、たとえばヘッドの旅行記につぎのようにある。ブエノスアイレス市を出てパンパにはいっていこうとするとき、「パンパでは絶対に武装していなければならない。おいはぎがうようよしているからだ」としたうえでヘッドの言うには、「こうした連中の目的はもちろん金だったから、わたしはいつもみすぼらしい格好をしたうえに、きちんと武装していた。(中略)わたしはつねに二丁の拳銃をベルトにはさみ、雷管式の二連発銃を手にしていた。原則としていっときたりと武装を解くことのないようにしていたし、ガウチョに出会うたびに

☆13 Beaumont 1957: 280. またpp. 291–92ではアンドルーズの旅行記にも言及している。

☆14 ヘッドを参照している部分はAndrews 1971-I: xix–xxv. マイアーズを参照している部分はAndrews 1971-I: xii–xix, xxv–xxvii.

二連発銃の両筒の撃鉄をおこしておいた」というのだ。おいはぎだけでない。インディオという危険もある。インディオに出くわせば、「拷問にかけられたり殺されたりすることもありうるが、道で会うことはしごく稀だ。だが、かれらはとても狡猾で馬上にあって敏捷なうえに、あの地域はまったくの無人なので、インディオについての情報を得ることはまったく不可能だ」[☆15]。

また、たとえこうした危険な輩にでくわさずとも、パンパには別の危険がある。落馬という危険である。「パンパを旅するうえでもっとも危険なのは、ビスカチャの穴に足をとられてしょっちゅう落馬することだ。ギャロップしていたわたしは、平均して三〇〇マイルに一回ほどの割合で馬もろとも転倒した計算になる。土が柔らかかったから一度もたいした怪我はしなかったが、何百マイルもろくな治療をうけられないような場所で手足の骨を折ったり関節を脱臼したりしたら、どれほど絶望的な状況におかれることになろうかと、出発まえからかんがえないではいられなかった」[☆16]。おいはぎ、インディオ、穴居性齧歯動物ビスカチャの穴。旅に出るまえからヘッドがおもいえがいていたパンパとは、こういったもろもろの罠が旅人を待ちぶせている空間であった。

ところが、である。太平洋岸のチリからアンデスを越えてブエノスアイレスにもどる途上、サンルイスとコルドバの州境あたりまでやってきたヘッドは、とある駅宿の親方の世話でひとりの道案内人を雇った。駅宿にとなりあわせた小屋で生まれ、「町も村もみたことがなく」、年

☆15 Head 1967: 31-32.
☆16 Head 1967: 32.

齢不詳で読み書きのできないこの道案内人と連れだってしばらく行ったときのことであった。

すこしあとで道に血痕が残されている場所にでくわした。わたしたちは、しばし馬の手綱をおさえてその血痕をみつめていた。たぶんだれかが暗殺されたのだろうとわたしがいうと、ガウチョは「ノ」〔否〕といい、血痕の近くの痕跡をさししめしながら、これはだれかが落馬してはみを壊したのであり、そのひとが立ってはみを修理しているあいだに、血が馬の口からしたたり落ちたのだという。もしかしたら怪我をしたのは人間のほうだったかもしれないとわたしは抗弁したが、これにたいしてもガウチョは「ノ」とこたえたうえで、数ヤード前方の小道のうえにあるなにかの痕跡をしめしながら、「だって馬はギャロップで駆けだしてますよ」と言った。[☆17]

血痕が、おいはぎかインディオによる「暗殺」、もしくは落馬によって人間が「怪我」したという過去の事実を裏書きする〈証拠〉であるとヘッドにおもわれたのは、すこしも不思議ではない。危険なパンパという既成の情緒的な物語の〈現実〉を進む旅人としては、道に残された血痕を目にしたとたんに、すぐさまそれを自分の〈現実〉にてらしあわせ、実際におこった事件の現実を意味する記号として読みかえずにはいられなかったからだ。血痕は、ヘッドの物語のコンテクストのなかで〈証拠〉になったのである。パンパが危険だという〈現実〉を証明

☆17　Head 1967: 146. 強調はヘッド。

する血痕が、血痕をしたたらせた原因へと因果論的に関係づけられていけば、よりメタ・レヴェルの言説の〈証拠〉、すなわち治安が悪く医療施設の欠如したラプラタ社会の遅れた現実を裏づける数多くの〈証拠〉のひとつとして、のちのちデータベース化されたとしてもおかしくはなかった。

だが道案内人は、植民地主義的言説へと接合させていくヘッドの言説を、「ノ」の鋭い一音で中断する。つぎなる展開をうながす同意や肯定の身振りを期待していたヘッドの言説を、突然発されたこの「ノ」の一音でたち切る。ヘッドの言説があったからこそひきだされ、しかしながらヘッドの言説を否定する、この一音でたち切るのだ。つづく挿入部は、血痕という主題を危険なパンパという中心楽想にあわせて展開しようとするヘッドの言説の調和を乱し、殺人や人身事故といったたぐいの楽想のメロドラマをだいなしにしてしまう。なにしろ挿入されるのは、《だれかが落馬して壊したはみを修理して立ち去った》という、平凡でちっぽけなできごとのフラッシュバックにすぎないわけだから。中断的で挿入的で偶発的であることによって、道案内人の語りはヘッドの言説に異議を申したて、植民地主義的言説へのアクセスを遮断しているのである。

あくまで楽想を維持するために連続していこうとする記述と、その記述の連続性を中断しようとする語りが、合一点をむかえることなく対立し重なりあいながら織り目をなしているこのような箇所は、チャールズ・ダーウィンの『フィッツ＝ロイ船長指揮下の軍艦ビーグル号世界歴訪中の博物学および地質学の調査記録』、いわゆる『ビーグル号航海記』のなかにもみいだすことができる。

一八三三年八月。海軍大佐ロバート・フィッツ＝ロイ船長ひきいる軍艦ビーグル号に同乗し、五年間にわたって主として南米の博物学的探査の旅にあったダーウィンは、ブエノスアイレス州南部のバイアブランカにいた。おりしもこの年三月から翌年にかけて、アルゼンチン南部六州連合のもと、それまでにない大規模なフロンティア戦が展開されていた。政情の急変でたち消えになったとはいえ、当初の予定では、隣国チリと協同のうえ、太平洋岸から大西洋岸にかけて南米大陸を東西に縦断する前線をはり、南部にむけていっせいに軍事行動を開始してインディオの領域を征服しようというものであった。結局チリが脱落し、一部の州ではそれ以前の対インディオ局地戦や旱魃のために、十分な軍隊を配備することはできなかった。それでも、アンデス山脈から大西洋に達する四百レグア〔二二三〇キロメートル〕の前線に、あわせて四千人ちかい兵とその三〜四倍の数の馬、さらに州軍と同盟する何百という人数のインディオが投入された☆18。最終的に二千九百レグア四方の広大な土地を奪いとることになるこの戦争のさなかにフロンティアの前線を旅していたことになるのだから、ダーウィンが当初から「キリスト教徒」を敵とするインディオをひどく警戒していたとしても、不思議ではない。

ネグロ川河口カルメン・デ・パタゴネス近くで下船し、陸路北上してバイアブランカの港でふたたびビーグル号に乗ることになっていたダーウィンは、道案内人とともに港にむかう途

☆18 Walther 1980: 191-240. なお、一レグアは約五・五七キロメートル。

上、三人の人間が遠くで狩りをしている姿にでくわしてぎょっとする。

かれ〔道案内人〕はただちに馬からおりるとかれらをじっとみつめながら、「連中の馬ののりかたはキリスト教徒ののりかたじゃない。それにだれも要塞を出てないはずだ」といった。三人の狩人はひとかたまりで行動し、わたしたちとおなじように馬からおりた。ついにそのなかのひとりがふたたび馬にまたがると、丘を越えて見えなくなってしまった。「わしらも馬にのらにゃならんです。銃に弾をこめてください」と言うと、道案内人は自分の刀をたしかめた。「インディオだろうか?」とわたしはたずねた。すると「キエン・サベ **Quién sabe?** 三人以下の人数ならたいしたことはない」との返答。そのときわたしは、立ち去ったもうひとりは仲間のインディオを呼びにいくために丘を越えて行ったのだとおもいあたった。そうわたしは示唆したが、ひきだせたこたえはすべて「キエン・サベ」であった[☆19]。

馬上の三人を目にしたとたんに、それを「インディオだろうか」とたずねたダーウィンも、ヘッドとおなじように、そこが前線だという状況から現実をとらえようとしている。他のインディオを呼びに行ったのだとする推量は、インディオと遭遇しているという推測上の現実をさらに悲劇的なできごとに連続させていく、直線的なプロットの中継点である。危険なパンパと

☆19 Darwin 1889: 80.

いうテクスト的〈現実〉が、ヘッドにおいては過去の事件と、ダーウィンにおいては未来の事件と、それぞれ結びつけられるというちがいがそこにはあるだけだ。

だが道案内人は、そこが前線だというコンテクストからも、また遠くの三人が通常想定される男性の「キリスト教徒」としては、要塞の外にいる点でも馬ののりかたがちがうという点でも奇妙だという数少ない情況証拠からも、結論めいた答えをだそうとはしない。ちなみに、この道案内人は、この近くで三か月以上まえにインディオの一団と遭遇し、かれひとりは槍で重傷を負いながらあやうく命びろいしたものの、いっしょにいた友人二名を殺されたばかりだった。にもかかわらず道案内人は、経験的判断の誘惑を断ち、未来を予測可能な視野に強引にひきずりこむことを禁欲する。そして「キエン・サベ」という乾いた三音節のエッジでもって、ダーウィン流西部劇のシナリオを切断するのだ。

そのうえでつぎに道案内人がおこなうのは、対象がなにかを推測することではなく、対象に近づいて実際にたしかめにいくことだった。尻込みするダーウィンにおかまいなく敵を偵察しに行ったかれは、最終的にそれが女性であることを発見する。あの三人は、アメリカダチョウの卵をあつめる陸軍少佐の妻とその義妹だったのだ。相手が女性とわかるや、道案内人はなぜかれらがインディオであるはずはなかったかについて「百もの理由をあげてみせた」という。道案内人は、「キエン・サベ」といったあとは対象接近の方法をダーウィンに指示しただけだったから、「百もの理由」をあげた時点でやっと自分から語りはじめたことになる。とすれば

「キエン・サベ」とは、対象認識の以前と以後のあいだ、対象についてのナラティヴ以前と以後のあいだ、否定の判断と肯定の判断のあいだ、そういったもろもろの境界に生じる稀有な発話だということになる。それは過去の経験からも未来の予測からも現在を遠ざけて、非決定なまま宙吊りにする。いいかえれば、過去からも未来からも決定されることのないその瞬間の現在を、発話のなかに充足させてしまうのである。

　おもいだしてほしい。じつにこの現在こそが、植民地主義的言説のなかで無視されていたものだということを。植民地主義的言説のなかでラプラタは、すでに書かれ読まれたことのある経験の模倣的反復の空間として、またいまだ実現されていないが確実に予測される未来を待つ空間として表象され、その地の現在は、このすでにといまだのあいだの不在の時間として無視され消去されていた。だが「キエン・サベ」のひとことは、植民地主義的言説が抹消するその現在を瞬間的に断片としてせりあがらせてしまうのである。

「キエン・サベ」の発話を言語行為論的な視点からかんがえてみよう。「キエン・サベ」とは、「だれが知っているか?」といった意味の疑問文である。これはそのまま理解しようとすれば、知っている人がだれであるのかを問うている言明であり、聞き手／読み手はそれをひとつの命令と受けとることができる。その意味では、これはコンスタティヴ（事実確認的）な表現である。だがその一方では、「だれが知っているか?」にたいするこたえとしての「だれも知らない」にもなるのであって、そのかぎりでは、《だれも知らない、したがってだれかと問うても無駄だ》を意味することになる。そのときには、問う行為そのものの有効性を否定し、問う行為それじたいを放棄するよう命じるパフォーマティヴ（行為遂行的）な表現になる。このように、「キエン・サベ」は、まったく相反する読みかたの可能な表現となっているのである。原理的に矛盾する読解が可能なこの発話は、ダーウィンのテクストのなかに、ぶつかりあうふたつの指示を、すなわちダブルバインドをもたらしてしまっているのである。

旅行記のナラティヴとは、おおくはできごとから時間を経たのちにロードムーヴィーふうの直線のプロットにしたてあげなおされ、さらには前後の脈絡にあわせた説明や加筆訂正、脚注、まえがき、あとがきといったものの饒舌さで水太りさせられ弛緩していくものである。じつは、この饒舌さのなかに、書き手の思考体系のなかにおしこまれて切り刻まれた対象にたいする、書き手の欲望や郷愁がしのびこんでくるのだが、「キエン・サベ」はそういったいっさいの饒舌さをしりぞける。「キエン・サベ」がつれない響きをもつように聞こえるとすれば、それはこの言葉が、この瞬間の道案内人の思考にたいする外部からの理解や共感や反感をうけつけないからだ。道案内人がなにをかんがえているのか、あるいはなにもかんがえていないのか、推測することさえできずにダーウィンは、その発話の現在に一瞬立ちすくむ。だからかれはこの言葉を、となりに括弧つきの "Who Knows?" をおずおずと添えたうえで、スペイン語のまま英語のテクストのなかに書きとめる。「キエン・サベ」のエッジは、ダーウィンの英語のエクリチュールにも亀裂《グランジ》をいれるのである。

旅行者が道案内人を雇わなければならなかった最大の理由は、精密な地図の入手が困難だったことにある。一八一九年にブエノスアイレスに到着したマイアーズは「イギリス製の最良の地図」を持参してきていたが、「〔駅宿の親方に〕教えてもらった道についての情報はまったく載っていないうえ、ほかにもたくさんの誤りがあるのでほとんど使いものにならなかった」ために、ブエノスアイレス州アレコからサルト村まで実際は十四レグアのところを二十レグアぶんの馬代をだましとられたと憤っている。[☆20] だがマイアーズからすこし時代をくだると、ブエノスアイレス市で地図を入手しようとする旅行者もいたのだろう。一八三一年九月一〇日にブエノスアイレス市で発行されていた外国人むけ英字週刊新聞『ブリティッシュ・パケット』第二六四号には、アルゼンチン北部国境周辺についての地図の広告が掲載されている。

あたらしい地図　この型では最高品
アルゼンチンとボリビア両共和国のあたらしい地図、両国がパラグアイ川とラプラタ川の自由航行について抱いている共通の関心と意義をしめす小冊子つき。カンガージョ通り九十二番地の本屋、ウニベルシダー通り五十五番地の本屋、およびベインティシンコ・デ・マージョ通り三十九番地の外交員専用宿泊室にて販売中。付記：小冊子には英語とスペイ

☆20 Miers 1826I: 23.

ン語の両方あり。[☆21]

さらにこの四か月のちにも、

おしらせ

一八二六年に航行したパブロ・ソリア殿の作による、水源からネンブクーまでのベルメホ川の地図。五年間にわたるソリア氏のパラグアイ滞在にかんする詳細な報告つき。ビブリオテカ通り州立出版局、またはバクル氏の石版印刷所にて販売中。六〇頁、地図つき、五ペソ。[☆22]

だが前章でふれたように、北部フロンティア地域の地理学的探査が本格化するのは十九世紀後半になってからのこと。十九世紀前半のこの時期、とくにさかんに地図がつくられたのは、南米大陸有数の輸出港であるブエノスアイレス港の後背地における牧畜産業の急速な拡大にともない、あらたに広大な牧場用地が必要とされていた、南部フロンティア地域であった。

軍事的な征服にあたってのフロンティア行軍の重要な目的のひとつは、土地についての詳細な情報を得ることだった。一八三三年の大フロンティア戦でも、ロサス将軍ひきいるブエノスアイレス州の左翼師団では、イタリア人の測量技師ニコーラ・デスカルツィの指揮のもと、移

☆21 British Packet 1976: 367.

☆22 British Packet 1976: 379. 一八三二年一月十四日、第一八一号。強調は『ブリティッシュ・パケット』紙。

動のたびに経緯度と指示誤差がこまかく測定され、前線ではほぼ毎日、気圧、気温、風向き、天気、コロラド川の水位の状態が、一日に計六回から九回にわたって計測されている。博物学的な情報蒐集についてもおこたりなく、将軍の命令のもとに数人の出自の異なるアマチュア博物学者からなる即席の会議をいつでもひらくことができるよう、手はずがととのえられていた。たとえば一八三三年七月三日、「ファン・アントニオ・ガレトン大佐は、この野原にふんだんにはえている麻に似た草がまさしく麻であるかどうかを確証できる者を集め、この草が真に麻であるか否かをたずねよ」とロサスは文書で命じている。会議報告は以下のとおり。

ウイリアム・バサースト殿によれば、その草はまちがいなくバサースト殿がヨーロッパで知っていた麻で、より上質のものでさえありうるとのことである。フリードリヒ・ゼート殿もバサースト殿の主張をくりかえしたうえで、ゼート殿の祖国ドイツで栽培されている麻の種とくらべてみたところ、やや小ぶりというだけで質もおなじとのこと。なお祖国ではランプの油のために麻の種をもちいるため、ゼート殿は麻の種の質についてよく知っているとのことであった。エドワード・ルーク殿は、それはまさしく麻だが、より上質のものだとおもうと述べ、ニコーラ・デスカルツィ殿は、もしそれが麻でないとすれば、亜麻ないしより上質の麻だと述べる。フリードリヒ・ザイターは祖国ドイツで知っていた麻であると述べ、栽培されて精製されればより上質のものにさえなるだろうと述べた。アンブロシオ・パストールは、これは疑いなく祖国チリで知った麻であり、ただチリでなされている栽培と精製が欠けているだけだと述べた。閣下に委任された者〔ガレトン〕がそれにつけくわえていわく、フランシスコ・マルティネス殿もまたそれを本物の麻であると確言するのを耳にしたことがあり、〔パタゴニアの先住民〕テウエルチェはこれでもって日常用のもっとも強力な縄を撚るとマルティネス殿が話しているのを聞いたことがある、とのべた。（中略）追記——遅れて到着したフランシスコ・マルティネス殿に閣下の高邁なる御命令を読みきかせ、その御趣旨にかんして問うたところ、ガレトン大佐がすでに申しあげたことをくりかえし述べたうえで、マルティネス殿はそれは本当の麻であり、ただマルティネス殿の祖国バレンシアでなされているようにしかるべく加工されていないだけと理解しているとのことである。[☆23]

ガレトン大佐が行軍日誌に書きとめた土地の測定や植生にかんするこういった記録は、それまでしばしばそうであったように文書館ですぐに眠りについたわけではない。この日誌は、当時すくなくとも七百件の定期購読数を有していた官製新聞『ガセタ・メルカンティル』紙に連載されたのだ。[☆24] それまではフロンティア行軍の進軍記録の詳細がおおやけにされることはほとんどなかったが、一八三〇年代にはいると新聞に連載されて一般に公開されただけでなく、システマティックに出版されるようになっていた。

☆23 Garretón 1974: 111-12. 各人の名前は原文ではスペイン語表記になっているが、ここでは出身地の経験をふまえて議論していることから各人の出身地の発音にもどしてある。
☆24 Lynch 1981: 182.

とりわけ注目されるのは、ロサスが事実上の独裁体制を樹立した一八三五年の翌年から三年間にわたって刊行された、『リオ・デ・ラプラタ諸州の古代史と近代史にかんする著作および史料叢書』だろう。[☆25] 二〇年代にアルゼンチンに渡ってきたナポリ人ペドロ・デ・アンヘリス（ピエトロ・ディ・アンジェリス）監修のもとで、全六巻からなる叢書として州立出版局から出版され、マッカンなどのヨーロッパ人旅行者も参照しているこの書物には、それまでにおこなわれたいくつかの重要な、しかしながら編者アンヘリスの言葉によれば、「さまざまな時代に知事や副王に送りつけられたもろもろのプロジェクトの混沌のなかにまぎれこんだままになっていた」[☆26] フロンティアの行軍日誌が収録されている。行軍日誌とはいうものの、インディオとの軍事衝突の記録はむしろまれで、収録された記録の大部分は、距離、土地の形状や土壌の質、気候、植生、ラグーンや河川の幅や形状、深さの測定記録、フロンティア周辺の住民やインディオの風俗習慣、かれらの交易のようすといった、もろもろの科学的な観察記録となっている。

そうであるなら、つぎのようなことがいえるだろう。この時期、ラプラタがかたや「ヨーロッパ人観察者の権威」（サイード）によって観察され記述され、ヨーロッパの知の体系の内部にマッピングされていったとすれば、そのラプラタじたいが、他方ではヨーロッパとおなじ身振りをみずから反復していたのだ。つまり、ペドロ・A・ガルシーア大佐やホセ・マリーア・レジェス技術将校といった軍人エリートをフロンティアに送りこみ、かれらが観察し記録したテク

☆25 『叢書』をふくむデ・アンヘリスによるロサス政権下の書誌学研究については、Sabor 1995: 5997参照。

☆26 De Angelis 1910: 200.

ストを蒐集し、州立出版局から刊行することをつうじて、ラプラタの政府は、フロンティアを目にみえるものとして周縁化したうえで、一見したところ異なっているようだがじつはおなじひとつの連続面にある親和的な場所——たとえばドイツやチリやスペインとおなじ麻がはえている場所——として、その空間をマッピングしていったのだ。ついでながら、十九世紀アルゼンチンの代表的な文学作品のおおくがフロンティアを題材にとっていることをかんがえあわせれば、[☆27] フィクショナルな叙述行為と、アルゼンチン国家の地図のなかにフロンティアを登録していくという科学的かつ政治的な営みが無関係でなかったことは明白だろう。

さらに留意しておきたいのは、フロンティアや地図化されていないラプラタの地域は、アルゼンチンの支配層によって体系的に知の領域にとりこまれるのと同時並行的に、ヨーロッパの知の体系のなかにとりこまれていったことだ。たしかに独立して日の浅い時期には、ラプラタの独立政府によるデータ処理とその公開はほとんどなされておらず、ヨーロッパ人による直接的な観察と記述を待つしかなかった事情もあったろう。だからマイアーズは、他の旅行記を参照し、かつ自力で旅行を敢行しながら、地理学的観察、金融、農業、統計、現地の政治状況、風俗習慣などを網羅的に調査し記録した『チリとラプラタの旅』を刊行した。その業績を評価されてマイアーズは、一八三九年には動植物学研究の学会であるリンネ協会に、その四年後には王立学士院の会員に迎えいれられたのだった。[☆28]

しかし、一八三〇年代にはいると、状況には変化がみられる。一八二四年から三二年まで在

☆27　フロンティアを素材とする文学作品の例。エステバン・エチェベリーア『囚われの女』（初版一八三七年Echeverría 1977）、エドゥアルダ・マンシージャ『パブロあるいは先住民パンパのあいだにあっての生』（初版フランス語一八六九年Mansilla de García 1999）、ルシオ・ビクトリオ・マンシージャ『先住民ランケルへのある遠征』（初版一八七〇年Mansilla 1959）、ホセ・エルナンデス『ガウチョのマルティン・フィエロ』（初版一八七二年Hernández 1977a）とその続篇『マルティン・フィエロの帰還』（初版一八七九年Hernández 1977b）。

☆28　Correa Morales de Aparicio 1968: 11-12.

アルゼンチンのイギリス総領事と代理公使の職にあったウッドバイン・パリッシュは、任務についた時点でラプラタ諸州全体についての体系だった地理学的情報がないことに気づき、みずから著作活動を開始する。だが政情変化の激しい当時の任務期間中には完成はおぼつかず、帰国したあとアルゼンチンから遠くはなれたロンドンで執筆せざるをえなかった。この帰国後のパリッシュの執筆活動をささえた人物のなかでとりわけて謝意を表明されている人物のひとりが、大牧場主にして軍人エリートで独裁者として君臨したロサスであった。それというのも、「ロサス将軍は、将軍みずからの命によりインディオの領域を侵略したさいの行軍ないし遠征の記録と、将軍指揮下の遠征隊に協力するためにメンドサ州から送られてきた軍の遠征記録をふくめて、一八三四年までに〔アルゼンチン〕政府が所有していた地理学的資料のすべてを組みこんだ大縮尺のブエノスアイレス州の地図を数枚、とりわけてわたし〔パリッシュ〕のために作製するようにと地勢局に命じてくれた。メンドサから送られた遠征隊の記録からは、おおくのあたらしい情報、とくにアンデス山脈を水源に、南緯三四度付近を流れて南米大陸のこの地域一帯のもっとも顕著な地勢を構成していながら、現在までのところもっとも漠然としか素描されてこなかったおおくの川の流れにかんする情報が得られた」からである。[☆29]

だから、一八三九年に出版され、ダーウィンの『ビーグル号航海記』とならんで「近代地理学の歴史において一時代を画する著作」としてアレクザンダー・フォン・フンボルトに絶賛された[☆30]『ブエノスアイレスとラプラタ諸州』は、独立後にラプラタを訪れたヨーロッパ人旅行者

☆29　Parish 1958: 38-39.
☆30　Busaniche 1958: 20.

によって書かれた作品のなかでも特異なもののひとつになっている。それがいわばアームチェアー・トラヴェラーによって書かれた旅行記になるために必要な、ラプラタの現地支配層の直接的ないし間接的な協力を得てはじめて、このテクストは書かれえたからだ。

ちなみに、この初版が出版される直前、ロサス政権下で刊行されたデ・アンヘリス編纂の叢書がイギリスに届いた。その史料の詳細さに仰天したパリッシュは、さっそく初版の大幅な加筆訂正の作業にとりかかっている。もろもろの事情から決定版となる第二版が上梓されたのは、皮肉にもロサス政権が倒される一八五二年であった。ブエノスアイレスではようやくこの年パリッシュの初版翻訳が刊行されたが、新版の刊行をうけてスペイン人フスト・マエソによる第二版の翻訳が出されたのは、独裁者の椅子をおわれたロサスが亡命先イギリスのサザンプトンに腰をおちつけた翌年のことであった。

翻訳の可能と不可能

距離、深さ、高さ、幅、速度、方向などの数値を測定することに、強迫観念めいた欲望をいだいていたフロンティア行軍日誌の書き手たちは言うにおよばず、ヨーロッパ人旅行者もまた、フロンティアの地図作製作業を彷彿させる記述や記号、数値をテクストに書きこむことに熱心だった。旅行者は、たとえどんなに小さな村であろうと滞在場所を経緯度のタブローの中にしるしづけなければ気がすまなかったり（ボウモント[☆31]）、内陸地域の植生や地域ごとの土壌の違

☆31 「その夜わたしたちは、サンホセから西北西に十五レグアほど行ったところの峰の上のほうにある人口二百人ほどの寒村エル・コージャのプルペリーアに泊まった」。Beaumont 1957: 178. 強調は林。

いをあげつらねることに快感をおぼえたり（アンドルーズ）[☆32]、アンデス山中の場所ごとの高度と気温を測定し一覧表にして悦にいったりする（マイアーズ）のだった。[☆33] なかにはヘッドのように、「アンデス山脈は南米大陸を北から南へと走っている。それゆえ山脈は大西洋と太平洋のそれぞれの海岸線にほとんど並行しており、それぞれが大洋と山脈に境を接する広さの異なるふたつの部分に分割している」[☆34]と、南米大陸の地図を開くところから本文第一章を説きおこしていくこともあった。

このような文章のなかでラプラタは、ヨーロッパで発明された地図記号に翻訳され、数値や記号によって世界の他のどの地域とも置換可能な透明で親和的な空間として、すでにそこにあるものとしてくりかえし確認される。ラプラタが翻訳可能な領域であれば、山がちのチリがスコットランドやスイスの高原のようにみえても（ヘッド）[☆35]、アルゼンチンとチリ国境のトゥプンガト山と、フンボルトが測量したことでヨーロッパにひろく知られていたエクアドルのチンボラソ山がひとつのグループでくくられても（マイアーズ）[☆36]、一八三三年の対インディオ戦争で奪取したブエノスアイレス州南部の土地が「スペイン王国ないしフランス王国全体の広さ」に還元されても（パリッシュ）[☆37]、不思議はなかった。また空間が置換可能でホモジニアスなら、そこの住民も、ヨーロッパやヨーロッパの植民地の風俗に翻訳可能であってよかった。アンドルーズがアルゼンチン内陸で出会った現地の「ガウチョ」は、ロンドンのボンド・ストリートの青年にみたてられ、かれのまとうポンチョは大英帝国の植民地「インドの上等なショール」

☆32 「壌土の多様性はこの地域の植物生産に無限の変化をあたえ、まれにみる豊かな植生をもたらしている。もっともおおく栽培されている穀物や根菜としては六〜七種類のトウモロコシ、小麦、大麦、えんどう豆、いんげん豆、ジャガイモ、カモーラと呼ばれるサツマイモ、（中略）オレンジ、レモン、シトロン、ざくろ、桃、野生種や栽培種の葡萄、リンゴ、梨、まるめろ、プラム、メロン……」。Andrews 1971I: 183-84.

☆33 Miers 1826I: 350-51.

☆34 Head 1967: 3.

☆35 Head 1967: 3.

☆36 Miers 1826I: 301.

☆37 Parish 1958: 27980.

そっくりで、「バーミンガムの輝く指輪」をみせびらかしながら葉巻を吸うような「ダンディ」だというのである。[☆38] ラプラタから未知なもの、非親和的なものをはぎとってヨーロッパにとって、馴染み深いすでに知られた空間にしていくこのような記述は、空間を記号化してならしていく地図化の言説をその根底にすえていた。十九世紀のラプラタは、いわばこうした地図的な言説によってかこいこまれていったのだ。

しかし、当時の旅行記や行軍日誌がすべてこういった地図の言説の内部で編まれたかといえばそうではなく、支配的で抑圧的な地図の言説から溢れでてきてしまう過剰な部分も同時に織りこまれていた。あるとき、ヘッドとその一行は、コルドバ州との州境近くのエル・モーロという駅宿を、予定よりかなり遅れて出発した。そのときヘッドたちは、どうみても八歳以上ではなかろうとおもわれる少年を道案内人として雇っていた。少年は駅宿の親方から近道をするようにとの助言を受けていた。

とうとう雨が降りだしてきたうえに、駅宿をみつけることができるかどうかなど「キエン・サベ」というのだ。少年は一度もこの道を通ったことはないとのことだった。たちどまっても無駄だったので、馬をギャロップさせながら駅宿の親方が少年にあたえた指示を話させたが、いったい何のことをいっているのかさっぱり理解できなかった。少年の描写を聞いていると、まるでわたしたちは山がちの場所をよこぎっているようにおもえるのだ

☆38 Andrews 1971-I: 98, 121-22.

が、わたしには山も谷もいっこうにみえなかった。だがガウチョたちは、かれらにしか見分けることのできない山や低地でもって原野を区切るのである。[☆39]

おなじ空間を目のあたりにしていながら、それをおなじものとして見ることができないこと、道案内人の少年や少年に指示をあたえた親方が、ヘッドとはまったく異なった空間把握のしかたをしていることに、ヘッドはナイーヴな驚きを隠さない。しかも、その異なる空間把握のしかたが、ヘッドの空間把握のしかたとはちがう純然たる差異としてあることだけは感知できるにしても、その差異がどのようにしてそうであるのかを説明し理解することはできない。それはただ純粋な差異として、瞬間的にたちあがってくるからである。

アルゼンチンにやってくるまえはエディンバラの技術師団に配属されていた技術将校ヘッド船長にとって、地形は計量可能なものから組みたてられている。まず数値に還元しうるものとして、地形はそこにあるのだ。たとえば「サンティアゴの南東約七十五マイル」にあるチリのサン・ペドロ・ノラスコ鉱山を訪れたヘッドは、真夏であるにもかかわらず、「鉱山の官吏がわたしにくれたデータによれば二十フィートから百二十フィートの厚みになることもある雪」に行く手をはばまれつつ鉱山の入り口にたどりつくが、そこはまた「五十フィート」の積雪で、鉱山労働者の働いているところまで行くには、坑道を「二百五十フィート」ばかり降りていかなければならなかった云々といったように、数値に置き換えることによって大地の勾配や

☆39　Head 1967: 14-45.

地表の変化、移動距離を説明する。☆40 それとわかる地形のちがいは、同時に計測される数値のちがいでしめされるはずのもので、逆に数値に変換できないちがいは相違として認めることはできない。ヘッドがエル・モーロ近くの地形に山や谷を認めることができないのは、ヘッドのなかに数値に変換可能な山や谷の規範がすでにあり、その規範の外部にある空間はおしなべて平坦でモノトーンな大地にすぎず、地図の空白部分としてくくられてしまうものだからである。おそらくそれは、ところが少年や親方は、ヘッドが平坦としか見ない場所に山や谷を認める。おそらくまたその高度何フィートの差で山か谷かと言いかえることのできない山や谷だろう。おなじ高度差を別のところにもっていっても、はたして同様に山であったり谷であったりしつづけるわけではないだろう。たぶんその起伏は、この場において山や谷として充足しており、度量衡といったものに還元することのできないたぐいの大地の変化だからである。

ナポレオン戦争の敗残将校となってアルゼンチンにわたってきたフランス人の地形測量士ナルシス・パルシャップも、一八二八年におこなわれたフロンティア遠征の記録のなかで、道案内人の空間把握のしかたについて記述している。ちなみに、ロサス将軍の命令下、クルス・デ・ゲーラに新要塞建設をめざして作製された遠征の測量地図はブエノスアイレス州の戦争省に、測量報告書は地勢局にそれぞれ提出されたが、それとは別に、地図をふくむより詳細な行軍日誌がパルシャップの手で編みなおされた。その日誌のテクストは、一八二六年から三三年にかけて南米を訪れ、アルゼンチン北部で一年、パタゴニアで八か月をすごした友人のフラン

☆40 Head 1967: 122-29.

ス人博物学者アルシド・ドルビニーがあらわした大著『南米の旅』におさめられている。

ブエノスアイレス州の「人の住んでいるところ」をあとにして、インディオが行き来する地帯を通過しつつあったフリアン・ペルドリエル上級曹長ひきいる第六騎兵連隊は、インディオの急襲を怖れて馬その他の家畜を守る特別班を後衛に、見張りを縦隊の側面に、半レグア先に前衛小隊を配すなど隊形を編成しなおしたが、そのさい先頭にたって連隊全体を導いていたのが、道案内人すなわち「バケアーノ」だった。

かれら〔道案内人〕は、風や太陽やかれらが知っている星座によって方向をさだめる。またもろもろの土地を認知する奇蹟的な記憶力と驚異的な洞察力をもっていて、パンパが単調かつ平坦で場所ごとの多様性がほとんどみえなかろうと、バケアーノはどんなひとの目にもとまらないような、とても微小な様相の差異をみわける。同様に、植生の性質や、幼少期から特別な学びをつみかさねてきた千もの兆候によって導かれるのだ。（中略）バケアーノはめったにレグアで距離を測定しないし、その度量衡の本当の概念はまったくもちあわせていない。かれらの算法の基礎は馬を走らせた時間で、もっぱら「この場所からあの場所まではギャロップでこれこれの時間だ」といったように表現する。国の軍隊はかならず数人のバケアーノからなる一班をつけており、通常はそのなかでもっとも評判が高くもっとも広い知識をもっている者が指揮をとっている。わたしたちの遠征には、ふたりいた。

ひとりは老人で、独立革命のまえにはこの地域一帯に住んでいたインディオの部族と、かなり長い年月にわたって闇交易をしていた男で、ずいぶんまえからかれらを訪れてはいないが、すべての土地とその地のインディオたちの名前を完全に覚えていた。もうひとりは最近のいくつかのサリーナス遠征に参加し、州政府がおこなった借用地計測にたずさわった測量技師に同行して、今回のわたしたちの目的地のさらに先まで行ったことのある若者だった。[☆41]

ヘッドが出会った少年のいう山や谷が等高線でしめすことができないように、パルシャップが出会った道案内人の距離もレグアやマイルで測ることはできない。星や太陽の位置や風から経緯度がわりだされるわけでも、周囲にはえている植物がリンネの分類用語に翻訳されるわけでもないだろう。地図記号や数値に置き換えて空間を記述したり、またそのように記述されうるものとして空間をみる知覚体系から差異化されたところにいる道案内人は、曖昧で非精密なものの配置されている空間として世界をとらえ、またその精密さを欠くものとものとのあいだの、これもまた精密でありえようはずはない差異のはざまを進んでいくものとして描写されている。道案内人は、パルシャップのように理念的な記号に還元されるものの秩序として空間を再構築するのでなく、感性的に把握されるものの秩序として空間を再構成するのである。

☆41　D'Orbigny　1999II: 103-04.

ところでまた、こういった空間把握のしかたは、精密でない時間的＝空間的なもろもろのかたちや、明確でない曖昧な諸本質をもつ形態学的な諸類型といったものをあつかう「前幾何学的で記述的な科学」science *descriptive* pré-géométrique をさして、エドムント・フッサールの遺稿「幾何学の起源」への註解のなかでジャック・デリダがもちいている呼称を借りて、「大地書記術＝地理学」*geographie*と仮に呼ぶことができるのかもしれない。[☆42] しかし、わたしがここでフッサール＝デリダをひきあいにだすのは、この道案内人の空間把握のしかたにひとつの名前をあたえるためではない。かえって、「大地書記術＝地理学」への遡行が、ほかならぬ幾何学的な思考の成立をその絶対条件にしていることを、フッサール＝デリダは想起させてくれる。つまり、道案内人の空間把握のしかたが、技術将校ヘッド船長や測量技術者パルシャップのテクストに記述されているのは、逆説的ながらそれらのテクストが、地図的な眼差しによって空間をとらえる認識形態が成立したあとの産物だからであることをおもいださせてくれるのである。

道案内人の空間把握のしかたは、地図的な空間把握の思考体系によって媒介されることによってはじめて、テクストに書きとめられうるものとなった。とすれば、地図の言説を完全に消しさったところで、純粋なかたちでそれを把握することはできない。おそらくそれは、それじ

☆42 Derrida 1962: 131-32.

たいを忘却のかなたへ送りやる、抑圧的な機能をはたす地図的な思考体系の、いわば〈イデオロギー〉的なヘゲモニーがあってはじめて感知されうるたぐいのものだ。

いや、すでに構築された幾何学という〈イデオロギー〉支配のヘゲモニーのもっとも手前、大地の計測術のさらにその下に沈澱しているものをさしてデリダのいう「感性的な形態学的理念性」idéalité morphologie sensibleという抽象化された概念で、道案内人の空間把握をとらえることはたしかに可能であろう[☆43]。しかしながら、それを安易に歴史的な諸実体とつらねてかんがえること、すなわち、ヘッドがそう呼ぶ「ガウチョ」やパルシャップが総称する「バケアーノ」といった、実体化された諸集団に純粋なかたちで内在する思考体系としてとらえることは禁欲しなければならない。たとえばサルミエントのいう「バケアーノの科学[☆44]」、二十世紀の作家で批評家のエセキエル・マルティネス＝エストラーダのいう「バケアーノの知性[☆45]」といったように、あるいはまたレヴィ＝ストロースがそう呼ぶ「ブリコラージュ[☆46]」や、いわゆる民衆史のなかでもちいられる「民衆知」popular knowledgeといったように、そのものとして自律的な歴史的実体の内的合理性として提示してしまってはならないということだ。くりかえし言うように、「バケアーノ」、「ガウチョ」、「民衆」といった〈かれら＝他者集団〉にあたかも構造的に内在する単一の認識様式があらかじめそこにあって、ヘッドやパルシャップがそれと出会ったわけではない。そういった〈かれら〉を、書き手である〈自分たち〉とは異なった、〈かれら〉自身に固有の均質な認識様式をもつ〈かれら〉として構築しているのは、〈かれら〉をそ

☆43 Derrida 1962: 134.
☆44 Sarmiento 1889: 43.
☆45 Martínez Estrada 1986: 138.
☆46 LéviStrauss 1962: Chap. 1.

のようなものとして感知させている地図的な言説体系なのであるから。

地図的な言説体系の地平でなされているのとは質的にまったく異なった空間把握のしかた、いいかえれば異なった共同主観性の領野が、〈かれら〉と指示されるひとびとのなかになかったと言っているのではない。あったかもしれない。いや、おそらくあったにちがいない。けれどもわたしは、その共同主観性それじたいを、あらかじめ存在する透明ななにか、〈かれら〉に内在する自明のなにかとして直接問うことはできないのではないかとかんがえる。また、そういった悲観的な立場を意識して戦略的にとる必要があるだろうとかんがえる。

むしろわたしが問いたいのは、〈かれら〉の共同主観性の領野それじたいを問い、論じ、それに合理的な説明をあたえることは、あらたな抑圧的言説の創出に寄与することになりはしないか、ということである。〈かれら〉に固有の思考様式が地図的な言説との差異として限定的にみいだされるのではなく、またほかならぬその地図的な言説に隣接してあるというのではなく、それとはまったく別なものとして存在すると前提したとたんに、《わたしたちの地図的空間把握の様式》対《かれらの思考様式》という閉じられた二項対立の構図が構築される。そして、この二項対立の内部で表象される〈かれら〉の表象は、その〈かれら＝他者〉にたいして抑圧的に機能するだろう。というのも、それは、単一の思考様式をもつものとして〈かれら〉を固定化し、その内部で〈かれら〉の思考様式を均質化し、思考様式というきわめてエセンシャルな概念をもちいて〈かれら〉を本質化したうえで、そうした〈かれら〉を〈わたしたち〉

とは根本的に異なる——しかし説明可能な——集団として差異化する、差異論的な言説を意図せずして構築してしまうからである。しかも、それがナイーヴに〈かれら〉の生活環境や人種やエスニシティに結びつけられてかんがえられるなら、そのときには人種差別主義《レイシズム》に接合していく道すじをつくってしまうことになる。

こういった本質主義的な議論の磁場から身をはなすためには、認識論的な反省をやめるわけにはいかないだろう。認識論的な反省を徹底していくことのなかから、その反省をつうじてはじめて、植民地主義的なテクストのなかにしのびこむトリッカーたち、すなわち植民地主義的な言説を攪乱し、言説が指向する直線的で求心的な言説の秩序を逸脱させ、ときに瞬間的に転移させ、言説のライトモティーフにたいして共約不可能性をつきつけるグランジの部分を、パフォーマティヴなしかたで回復していく読みの実践は可能になるのだ。そして、いままさにこうした遂行的な読みが必要なのではないかとわたしはかんがえる。そのトリッカーとしてここで注目しているのが、テクストに書きつけられている複数の逸話である。旅行者が経験したできごとについてのもろもろの逸話は、ラプラタについての旅行記のなかで、あるときはひとつの発話として、あるときは地図的な思考様式から差異化されたなにかとして、またあるときは（これからのべるように）予測不可能な身振りとして、コンテクストやロード・ムーヴィーふうの語りに回収されずに書きのこされている。そして、たしかなこととして言えるのは、一貫性のない多様なエピソードの記述は、ほかならぬ現地の道案内人との接触の場に生じているということである。
目的地クルス・デ・ゲーラに到着した第六騎兵連隊のなかの一班は、そのさらに先まで歩を進めたところで、インディオの集団が近くにいる可能性をしめすまあたらしい馬の足跡を大量に発見し、その時点でクルス・デ・ゲーラの本隊に合流すべくあわてて帰途についた。そのときのことである。

すぐにわたし〔パルシャップ〕は、道案内人たちがわたしたちを連れてきたのとおなじ方向ではなく南よりの道を進むことにしたことに気づき、たぶんかれらはわたしたちにモニゴーテスの砂丘を通過させようとしていたのだろうと推測した。じっさい二レグアほど進んだあたりで、かなり高い頂がいくつも集まっているのが観察された。だが、わたしが観察したのとおなじしかたできちんと観察しなかった指揮官は、それをクルス・デ・ゲーラとおもいこんでいた。ところが、出発するさいにわたしたちが取り決めておいたしるしの黒煙が突然右手にあがったのを目にしたことから誤りに気がつくやいなや、指揮官の顔はみるまに青ざめていった。道案内人たちがわたしたちをだまそうとしたのだとおもい激昂したのだった。大声で道案内人たちを呼びよせるや、おのれの職務を知らない馬鹿者よばわりして、かれらに罵詈雑言を浴びせかけた。あの哀れな連中は、それほどの迂回にならないからには、モニゴーテスのラグーンを訪れたほうがわたしたちにとって都合がよかろうと、そのようにかんがえていたのだと指揮官に理解してもらおうとした。かれらはおおいに苦労したのち、やっとのことで指揮官をなだめた。このときわたしは、もしかしたら現実に道に迷ってパンパのただなかで夜を過ごさなければならないかもしれないことにたいして、わたしたちの指揮官がとてつもない不安を抱いていることに気がついたのだった。[☆47]

言うまでもなく、軍人エリートの指揮官とフランス人軍属技師のふたつのテクストに二重に仲介されている以上、ここに「バケアーノ」の集団的な裏切りの意志そのものを読みとることはできない。だが、道案内人とはまったく切りはなされたところで、指揮官個人の意識や言表が展開されているわけではない。また書き手の記述じたいも、軍の行動を先取りする道案内人の〈読み〉のテクストや、道案内人の行動を〈読む〉指揮官の〈読み〉のテクストに媒介されることによってずれが生じ、複合化されているからには、パルシャップ自身の閉鎖された内省の純粋な言表になっているわけではない。道案内人、指揮官、パルシャップのどれかひとりの主観に還元することのできない〈常軌を逸した＝脱中心的〉な場、植民地主義的言説と〈読み〉の複合化された間主観的な場、行為と〈読み〉の意味作用の時間的なずれの場、緊張をはらんだ対話の場が、そこには瞬間的にきりひらかれている。そして、その間主観的な場に一瞬にしてうかびあがり消えていくのが、「わたしたち」にとって得体の知れない道案内人の裏切りや抵抗の潜在可能性という表象である。もちろん、それはそこにいる道案内人自身であるわ

☆47　D'Orbigny　1999-II: 121-22.

けではない。しかしながら、その道案内人自身からまったくかけはなれたところで、支配的な言説の内部だけでくりひろげられる表象の戯れの産物であるわけでもない。

おそらくそれは、フロンティアとそのインディオという他者をまえにして、道案内人をふくむ〈わたしたち〉をひとつの単一のものとみなす同化主義的言説を絶対的根拠として、ないしは疑念の余地のない大前提としたうえですすめられてきた、フロンティア遠征の言説そのものに生じた亀裂《グランジ》からあらわれた表象である。インディオと非インディオを人種主義的にも住環境的にも弁別し分類する言説は、道案内人の身振りひとつで、他愛なくそこにひびを生じさせてしまっているのだ。また、道案内人が裏切ったと、つまりインディオと同盟していると一瞬かんがえ、そのような存在としてそれまで無徴にすぎなかった道案内人を、主題＝問題subject化するというひとつの転倒のなかから生じた表象である。道案内人が実際に裏切ろうとしたかどうかはさしあたりどうでもよい。重要なのは、支配する者とされる者が明確にコントラストをなす、軍隊というきわめてヒエラルヒー化された場にありながら、命令し、軍を進めるという指揮官の意志によって貫かれてきた一連の旅は、じつはたやすく別の意志によって侵犯されうるのだということ、そしてまた指揮官の意志から独立した自律的な空間の読みと認識、判断と行動が現実にそこにあることが暴露されてしまったことである。いかなる支配的なヘゲモニー権力も、かならずしも永続的に決定的で絶対的でありつづけるわけではない瞬間が、そこには感知されているのだ。パルシャップのテクストは、指揮官の足下にそうした非決定的な現在が一瞬にしてひらいたことを記録している。道案内人はこのとき不透明な存在となり、ヘゲモニー以前ないしその手前にいる不気味な表象としてテクストに残されるのである。

　むろんこのエピソードは、一年後にこのあたり一帯におこった広範囲で大規模な反乱、すなわち「アナキスト」と呼ばれた日雇い労働者や「バーゴ」（バガブンド）や軍の脱走兵といったガウチョが、インディオ諸集団と同盟してひきおこした一八二九年の反乱☆48を直接的に指示しているわけではない。このエピソードは、反乱といったあきらかに対抗的な行動実践として支配者層の文書史料のなかに書きのこされる以前／手前のできごとにすぎない。しかし、ヘゲモニー関係のなかで他者化し疎外し周縁化することが、カウンターヘゲモニーの構成とじつは同時的であるかもしれないと支配権力の側が感知してしまったこと、そして、そのヘゲモニー関係は転倒のモメントを潜在させるなにかかもしれないという予感が、これもまた支配者層の文書史料のなかに書きのこされている事実を、このエピソードはしめしてしまっているのである。すくなくとも支配者側の自己のポジションを絶対視する主体意識が、そこで一瞬揺らいでいることには疑いを入れない。そしてこのような転倒の予感のモメントとなったものこそは、植民地主義的言説のなかでけっして予見されることのなかった予想外の道案内人の身振りにほかならないのだ。

　ここでわたしの念頭にあるのは、ホミ・バーバがロラン・バルトの提示した「非＝文」non-sentenceの概念を手がかりにしながら、またバーバ自身が「模倣」や「ハイブリディティ」と

☆48　この年の反乱については、González Bernaldo 1989参照。

いった概念装置をもちいながら析出させようと試みてきた、従属的な行為性subaltern agencyが生産する、破壊的な戦略の解読作業である。バーバによれば、従属的な行為性とは、それじたいとしては超越的で透明なものではなく、またそれじたいとしては一元的で有機的で自律的なものではない。というのも、「間主観性の効果としての主体＝主題＝問題《サブジェクト》の場形成individuationの瞬間は、シニフィアンの時間的なずれにおけるそれじたいの分裂の結果、行為の作因《エージェント》としての主体の回復というかたちで出現する」からである。反復的で偶発的であるという特質をもつ間主観的な関係の内部での「計算＝当てこみ《カルキュレーション》、交渉《ネゴシエーション》、たがいに問うことinterrogationの対話的な位置のなかにある」行為の作因をとりもどす以外に、従属的な行為性へと接近していく可能性はない。そのようにバーバは言っている。[☆49] 本章での読解作業も、そうした従属的な行為性への接近をこころみるひとつの例示といってよいだろう。

支配者側の言説を記述し、強化していく植民地主義的言説の内部には、それとは異質ななにかがつねに織りこまれ、一様なものとして均質化されることなく混在している。それは植民地主義的言説を中断する発話をつうじて、コロニアルな地図の言説とはちがうが、そのものがなんであるかを問うことのできない差異として、また支配者側のポジションを危うくし、そのヘゲモニーを一瞬ゆるがせるかにみえる身振りをつうじて、植民地主義的言説に亀裂をいれてしまっているのである。植民地主義的言説が歴史的に均質で連続的な〈主体の言説〉としてあまねく世界を覆っていくというとらえかたでは、こうした亀裂はおおい隠されてしまうだろう。

☆49 Bhabha 1994: 185.

また、反乱といったように顕在化されたできごとだけに注目することによっても、同様に隠されてしまうだろう。

けれども、はたして植民地主義的言説はそれほど均質で強固なものでありつづけたか。植民地主義的言説がその対象に歴史的におしつけてきたステロタイプに還元されない、存在の影ないし代補が、つまりは植民地主義的言説によって規定され服従させられるのとはちがう表象が、そこに埋めこまれているのではないか。そこにはつねに植民地主義的言説にたいする「代補の運動」（デリダ＝高橋）のモメントがあったのではないか。そういったモメントを回復していくことによって植民地主義的言説そのものの根拠のなさがあぶりだされ、ひいては植民地主義的言説の権威を脱構築していく助けになりうるのではないか。こう問いつづけながら過去のテクストを再読することが、いま必要なのではないか。

ツーリズムの時代

二十世紀はじめに書かれた旅行記を読むと、十九世紀前半の旅行記とはずいぶんちがうものになっていることに気づかないわけにはいかない。旅行記述に生じたこの変容とはいったいなんだったのだろう。おそらくそれは、旅行記述をなりたたせている旅行そのものの質の変化に起因している。

これまでみてきたように、十九世紀なかばごろまでの旅行とは、目的地までの距離やそこにいたる道程がどのようなものか定かでない土地を進むものだった。ヨーロッパ人、アルゼンチン人を問わず、当時の旅行者にとっては旅を進めることがすなわち、あらかじめほとんど情報をあたえられていない空間に測量と観察をほどこしていくことと同義であり、旅行記述の大部分はそういった科学的な知の探査記録として編まれていった。また、まえもっての情報が乏しいことから、必然的にスリリングな経験の描写や、そうした経験への期待と恐怖がないまぜになった叙述をともなわざるをえなかった。だが、科学的な測量や観察をつみかさねていく営為が、ほとんどそのまま旅行記の叙述を生成させていった十九世紀前半の旅行記と比較してみると、二十世紀初頭の旅行記における科学的叙述は、統計や公的報告書、過去の旅行記などからの数値の引用や参照程度にとどめられている。また十九世紀前半の旅行記に特徴的であった、危機的な事態がいつ発生してもおかしくない状況へのたえざる危惧は姿を消し、むしろ逆にスリリングな経験をわざわざみつけだしてきて記述しようとする姿勢のほうが前面におしだされてくる。

ヘッド船長の旅行記がそうであったように、以前はブエノスアイレス市を出た瞬間から、単調なパンパをまえにしての退屈だが危険をはらむ旅ははじまっていたものだった。だがいまやパンパを越え内陸の農牧業地域を通過し、はるか北部チャコ地域や南部パタゴニアにまで足をのばさなければスリリングな経験は旅行者にあたえられないのである。ヘッドやダーウィンらの旅行記録に幾度となく羨望の念をあらわしているイギリスの旅行家W・A・ハーストは、一九一〇年にロンドンで出版した『アルゼンチン』の最終章「イギリス人旅行者のための情報」のなかで、これら十九世紀前半の旅行者は「もっとも興味深い時代にこの国を観察する」幸運を手にしていたとのべたあとに、こうつづけている。「今日ではパンパで冒険をみいだすのは困難だろう。だがそれでも、パタゴニアの大部分は以前と変わらずワイルドで近よりがたく、大チャコのおおくの地域では、探検家はインディオの獰猛な性向のゆえに危険に身をさらしている。だが、ヨーロッパ人が通常訪れるアルゼンチン〔国内の地域〕についていえば、アルゼンチンまでの行路についても、またアルゼンチンの内陸を北へ、南へ、西へ旅行するにしても、じっさいなにもかもがあまりにシンプルなので、あえて言っておくべきことがらはほとんどなく、アメリカ合州国へ旅行するための情報以上の特別な情報は必要ない」☆1。このように旅行者は、一部の地域をのぞけば、安全を保障された旅程を計画どおり進むことができるようになったのだ。

十九世紀後半から二十世紀初頭に書かれた旅行記までのあいだに流れた年月におこったなにが、このような旅行の質の変化をもたらしたのだろう。ハーストはその要因をアルゼンチンの社会状況全般に生じた変化のなかにみてとろうとしている。つまり「パンパをよこぎる旅を、この世にいとまごいを告げることとほとんどおなじであるかのようにおもわせていた」数々の困難や危険、ハーストいうところの「白人とみるやどんなに小さな集団であろうと虐殺したインディオたち、革命的な兵士たち、冷酷無比な山賊連中☆2」なるものたちを消滅させることになった社会的諸要因である。

しかしながら、そうした外在的な要因よりはるかに重要だったのは、旅行者の旅行行為が、目的地にたどりつくことを目的とするものから、旅行そのものを目的とするものへと変化したことだろう。旅行じたいを目的とする移動。それすなわち、現代のツーリズムの発生である。ラプラタについてみるかぎり、観光的な旅行がさかんになったのは、はやくても一八七〇年代以降のようである。ではなぜこの時期に観光的な旅行が可能になったのか。その理由のひとつ

☆1　Hirst 1910: 288.
☆2　Hirst 1910: 287-88.

として、かずかずの探査や計測、調査によってもたらされた膨大な科学的な知が、十九世紀後半の数十年間に蓄積されたことをあげることができる。

前述したように、アルゼンチンの内陸では、第一次産品の潜在可能性や植民可能性を調査するために、ヨーロッパ諸国やアルゼンチンの州政府や中央政府の支援をうけた調査がくりかえされた。またフロンティア侵攻の軍事作戦では、地理学や人類学的探査が大規模におこなわれた。こうした調査や探査の過程で得られた地理学、動物学、植物学、鉱物学、また民族学や考古学的な知識は、州や国の地形局や技術局などに集められただけでなく、十九世紀後半につぎつぎと創設された博物館や観測所に集積され、吟味され、出版物として世に出されていった。一八七二年にはブエノスアイレス大学精密科学部と連携する団体としてアルゼンチン科学者協会が創設され、独自の博物館や図書館、出版部をもつ研究拠点として、国内外の科学会議を開催したり産業界との結びつきを模索する一方、探査団を組織して遠征にのりだすなど、専門家集団の育成と科学的な知識の深化、ならびにその応用をめざす活動を鼓舞する核となっていった。この時期とりわけ地理学に特化した研究所が組織されたことに象徴されているように、一連の科学調査のなかでもっとも重視されたのが地理学であったことは言うまでもない。そうした研究所のひとつが一八七九年に創立されたアルゼンチン地理学研究所で、以後半世紀にわたって、もっぱら地理学的調査をおしすすめる中心として機能した。もうひとつは同年に創設された地理学軍事研究所で、こちらは地理学的調査結果の精度を高め、組織的な地図作成を推進するための三角測量や水準測量などの測量術研究や、地図作成術の高度化をめざす研究、地形学研究などをおこなうほかに、独自の地図作成部門をそなえていた。[☆3]

探査によって得られた情報とその精密化をすすめる諸研究の成果は、地図として結実されていった。まともな地図がないと、かつてイギリス人地理学者マイアーズを嘆かせていた旅行の質は一変する。ハーストのような一般大衆向け旅行記にさえ、町や村の位置や河川、湖、山岳地帯、鉄道路、航行路、州境にいたるまでびっしりと描きこまれた、アルゼンチン全土を網羅する多色刷りの地図がもれなくついてくるようになったのだ。一八五五年から三年間にわたる探査のすえに上梓されたフランス人地理学者マルタン・ド・ムシーの『アルゼンチン連合の自然的・地理学的・統計学的記述』に付されている詳細な地図においてなお、「未踏の地」であるとか「未知の地」としるされていただけの地図上の空白部分も[☆4]、ハーストの地図では、各々の州や河川、砂丘などの名前と形状でもって埋められているのだ。このような地図を手にすることによって、旅行者はふたつの視点を入手したことになる。言うまでもなくそのうちのひとつは旅をしている本人の視点だが、もうひとつはハーストのいう「鳥の視点」[☆5]である。旅行者自身の測点と鳥瞰図のあいだを往復するなかで、旅行者自身がいる位置とこれから進むべき方向や距離、時間を推測することを可能にする、あらたな旅の認識方法が確立されていったのである。

地理学的な知識の結晶ともいうべき精密な地図の出現は、旅行者と現地の人間との関係を決

☆3　Babini 1986: 171-72.
☆4　Moussy 1963: Atlas-planche V.
☆5　Hirst 1910: 2.

定的に変えた。詳しい地図がない時代には、旅行者にとって現地のひとびとは、宿や食事や運搬労働を提供するだけではなく、なにより重要な情報源であり旅の導き手であった。かれらのたすけなくしては旅行をまっとうすることなど不可能だった。だが、地理学的な知を手にいれてしまえば、もはやかれらの情報に全面的に頼る必要はなくなる。クリオージョ支配層がそれをいかに待ち望んでいたかを知るには、マヌエル・J・オラスコアガ少佐の『パンパとネグロ川の地形学的研究』を一読してみればよい。一八七九年におこなわれたパタゴニア侵攻の報告書であり、詳細な測量調査記録としてヴェネツィアでの国際地理学会議（一八八一年）で賞をとったのち、フランス語とイタリア語に翻訳されてヨーロッパ諸国に普及したこのテクストの序文で、オラスコアガはつぎのように断言していた。

……わたしたちの上官は、誠実な忠誠心をもっているかどうか疑わしいバケアーノの指揮のもとに作戦を展開することは、もはやないと言ってよいだろう。

今日わたしたちの部隊は、旅に必要不可欠なものや移動に有利な知識など、かつてインディオの特権であったものをことごとく手にして、きちんと定まった方向にむけてパンパを進軍していくだろう。それすなわち、知に固有な特権である。というのも、過去においてインディオは、わたしたちよりパンパにかんしておおくの地形学的な知をもっていたと言わざるをえなかったからだ。

しかしながら今日では、荒野のあらゆる地点に到達するための道程はことごとく〔地図上に〕しめされている。水飲み場や、馬に食ませる草の良し悪し、またインディオやかれらと闇交易しているキリスト教徒の根城の明確な位置がどこなのかわかっており、各師団がインディオの移動集落を襲撃するための日程や時間を決定することすら可能となっている。☆6

軍と友好関係をとりむすんでいたインディオやガウチョといった現地の人間を、バケアーノつまり日雇いの道案内人として雇いいれ、土地に通じているということ——それはしばしば征服の対象とするインディオ集団との闇交易の経験や緊密な関係があることを意味した——のほかは素性の知れない、その者に頼らなければならない事実。うかがい知ることのできない道案内人の恣意に、みずからの運命をまかせなければならない実態。もはやそれらがいっさい過去のものになりつつあることが、ここには書きとめられているのだ。植民地時代以来数世紀にわたって続けられてきたフロンティア征服という、一見したところ華々しい勝利の歴史が、じつのところエリート軍人にとっては不安と恐怖にさいなまれる歴史であったことが、ここに露呈されているといっていいだろう。

地理学的な知識の蓄積に裏づけられた科学的なナヴィゲーション・ツールの普及によって、旅行者と道案内人のあいだの微妙な関係性にゆらぎが生じる可能性は消されていった。じじつ

☆6 Olascoaga 1974: 160. 強調はオラスコアガ。

十九世紀後半の旅行記では、現地の人間と旅行者のあいだでやりとりされる交渉やかけひきの記述の場は、かつてないほど縮小していったのである。

スピード感と叙述の衛生化

旅行記述の根源的な変容をもたらしたもうひとつの要因として忘れてはならないのが、鉄道の急速な発展である。アルゼンチンの鉄道建設は一八五〇年代にはじまった。鉄道導入の時期そのものは、他のラテンアメリカ諸国と比較してかならずしも早いわけではなかったが、イギリス資本がはじめて鉄道建設に投下された一八六〇年代初頭からは急激に拡大する。国内資本だけで建設されていた第一期（一九五〇年代末）にはわずか三十九キロメートルにすぎなかった鉄道総距離は、外資主導にきりかえられたのちの一八七五年には約二千キロメートルにのび、その二十年後には一万四千キロメートル、一九一五年には三万六千五百キロメートルと増えて、世界の鉄道総距離に占めるアルゼンチンの鉄道のシェアも、一八七五年が〇・六パーセント、九五年が二パーセント、そして一九一五年には三・二パーセントにまで増加した。☆7

短時間で長距離の移動を、さしたる身体的負担をともなわずに可能にする鉄道のような交通システムがいったん構築されると、旅行記の記述は、このあらたな移動手段を軸にしたものへと全面的に再編成されていった。十九世紀後半のイギリス人旅行者や移住者むけにロンドンとブエノスアイレスで出版され定評のあった『ラプラタ共和諸国ハンドブック』の一八七五年版

☆7　今井　一九八五・四九〜七六。

が出された年は、アルゼンチンの鉄道建設がようやく本格化しようとしていた時期にあたる。☆8 にもかかわらず、すでに『ハンドブック』には、「三十年前には田舎を旅行するためには馬に乗らなければならなかったが（中略）、現在では、北、南、そして西へ四百マイルの鉄道がこの地域をよこぎっていて、それらの鉄道にはたくさんの〈ディリヘンシアス〉（駅馬車）が接続していて、簡便にして迅速な旅を提供している」☆9とある。鉄道敷設が比較的早期にすすんだブエノスアイレス州の内陸を移動する手段としては、はやくも一八七〇年代の段階で鉄道移動が推奨されているのである。さらに『ハンドブック』第五章では、運行中のものから建設予定の鉄道までふくむ全路線図と各線の接続状況についての詳細な情報がしめされている。☆10

むろん鉄道を利用していたのは外国人旅行者だけではなかった。運賃が比較的高かったために、すぐさま庶民的ひろがりを獲得したわけではなかったが、それでも大容量の荷物や人馬を、大量かつ効率的に運ぶには最良の交通手段であった。実際にも一八七九年のフロンティア遠征では、大量の軍隊とその荷物をブエノスアイレス州南部の町アスールまで移動させるにあたって、鉄道が効果的にもちいられた。遠征の記録が、そうした鉄道での移動に対応したものへと変化したのは当然だったろう。もはや軍事遠征開始の記述は、ぬかるんだ道に悩まされる行軍の様子や焚き火用のアザミの乾き具合、飲料用の水源の良し悪しを判断するといったものではなく、さながら小旅行を楽しむ観光旅行日記といった風情なのだ。アルゼンチン地理学研究所の創立者であり、フロンティア領域の地図をたちあげようと意気込んで遠征に随行したエ

☆8 『ハンドブック』は一八六一年の初版以来、六三年、七五年、九二年にそれぞれ改訂版がだされ、ターナーやハーストはこれをもっとも信頼のおける権威的ガイドブックの代表と紹介している。Hirst 1910: 287. Turner 1892: iv.

☆9 Mulhall 1875: 106.

☆10 Mulhall 1875: 64-69.

スタニスラオ・S・セバージョスの探査記録においても、遠征初日は、ブエノスアイレス・グレート・サザーン鉄道ぞいの駅間距離や高度のメモがとられるほかは、もっぱら「別荘や広大な農園や畑、愉快で快適な外観の村や集落におおわれている、一幅の絵画的《ピントレスコ》な場所をよこぎって走る汽車」の車窓風景や、車内での楽しい会話の記述についやされている。[☆11]

セバージョスのテクストに示唆されているように、身体的な移動の実感を表現するためには車窓から眺められる風景の変化を記述する以外にないために、旅行記述は、窓の外の風景の描写を軸とする移動の叙述へとシフトしていった。一九一〇年に出版されたイギリス人地理学者W・A・コウベルの旅行記では、旅路はこのように描写された。

〔ノース＝イースタン鉄道〕会社の南の終着点であるコンコルディアとブエノスアイレスのあいだの交通は、エントレリオス鉄道とフェリーボートとブエノスアイレス・セントラル鉄道を乗り継ぐか、ミハノヴィッツ商会の上等な汽船をつかって河川ルートをたどるか、どちらかの方法をとることになるが、いずれも所要時間は十八時間から二十時間である。

鉄道がよこぎる地域はさまざまな特徴があって、西側の支線をえらべばメルセデスまで、東側の支線のほうをとるならジャペジューまで、それぞれ南にむかってすばらしい牧草が一面にひろがっており、鉄道はその草におおわれた丘陵を進んでいく。

西側の支線をつかって一マイル以上ある立派な橋でコリエンテス川を渡ると、葦が鬱蒼

☆11　Zeballos 1960: 26-40.

と茂った湖水とシュロの森林帯がつづく湿地帯に出る。さらに北にむかうとケブラコの森がはっきりとみえてくる。通りすぎる小さな村々はオレンジの木々やその他の亜熱帯の植物にかこまれていて、洪水の被害を受けていない部分の大地はすばらしく肥沃で、トウモロコシ、タバコ、綿、マンディオカ、ピーナッツ、サツマイモの生産にぴったりだ。[☆12]

たぶんこうした記述を現代の旅行ガイドとして読んでも、いっこうに違和感はないだろう。このテクストがわたしたちにとって親和的なのは、なにより記述のスピード感のゆえである。車窓を流れる風景を見ることに慣れているわたしたちにとって、遠方をゆっくりと動いていく森林帯と手前を飛びさる村々の風景の速度のコントラストは見慣れたものであるし、橋を渡って突如出現したかとおもうと視界から消えさる湿地帯に目をみはる行為も日常化している。だが、こうしためまぐるしい風景の変化をこの地域で経験することは、この文章が書かれた二十年前には不可能だったはずだ。

鉄道の旅で「通りすぎる小さな村々」と表現されているだけの村は、鉄道開通以前には宿泊地になったかもしれず、湿地帯や川は何日も足どめをくわせる障害だったかもしれない。そうした場所にたちどまることを余儀なくされるたびに叙述からスピード感は消失し、時間の停滞が記述されずにはおかなかったろう。二十世紀の旅行者にとっては単調な一幅の動画でしかない土地の起伏は、旅におもいがけないアクシデントをもたらす要因になったかもしれない。つ

☆12　Koebel 1914: 452.

まり鉄道以前の旅とは、風景を風景として視覚領域に独占させようとする旅行者の企図が、たえず挫折させられる場なのであった。旅人をとりまく環境は、旅行者のまなざしのもとに無害な風景へと変換させられようとしただろうが、しかしながらまたその風景は、いつふたたびその身体にせまりからみついてくる偶発的な状況に変貌するかもしれなかった。ヘッド船長が危惧せざるをえなかったように、すれちがう人間や動物から威嚇されるかもしれず、足下にあいたビスカチャの穴に足をとられて骨折するかもしれず、あるいは虫の大群に悩まされたり沼地を渡らなければならないといったように、旅行者をとりまく環境は、その者の身体がそこへ直接接触することを強要していたのだった。

だが鉄道の旅では、ガラス窓一枚が、車両の鉄の箱が、せまりくる現地の環境を、安全化され衛生化された風景にとどめ、旅行者がそれを存分に享受するのを可能にしてくれる。旅行者の身体は、環境との直接的な接触から遮断され、旅行者は談笑しながら車窓風景を眺めることができるようになる。つまり鉄道とは、旅行者の眼差しの圧倒的な優位を保証する装置であり、眼差しかえされることなく一方的に現地を眼差すという、眼差しによる支配の力を旅行者にあたえた装置と言ってよいかもしれない。

地図と鉄道。十九世紀後半の二〜三十年のあいだにつくりだされたこれらのあたらしい旅のツールは、旅行者と現地のひとや事物との関係を根本的に変え、旅行言説をまったくあたらしいものへと、現代のツーリズム言説に接合されていくものへと編成しなおす媒体であった。

奇形化される文化的他者の風景

アルゼンチン共和国は広大で、人口の希薄な大地にひろがるワイルドな無法地帯で、政治的反乱がいつ勃発してもいいよう身構えているむこうみずの連中が行くような場所であり、そこでは殺人など日常茶飯事で、生命と財産が十分に守られていないところなのだ、といったような古くさいイメージをいまだに抱いている事情通のひとたちが、ほかにたくさんいるようだ。かれらにとってブエノスアイレス市とは、近代のアルサティア〔犯罪者などの潜伏地として有名なロンドンの一地区〕、旧世界のごみためである。何人かの同郷人〔イギリス人〕がこうした主張をするのを、わたしはじっさいに幾度も耳にしてはおおいに楽しんだものだった。こうした馬鹿げたイメージを頭から信じこんでアルゼンチンにやって来るものだから、かれらの旅支度といったら、かれらがアルゼンチンで経験することになるための必需品というよりは、オーストラリアのブッシュやカナダの奥地に行くためのもののようだ。夜会服やダンスシューズをたずさえて来るべきところを、全身これ兵器庫といったいでたちで、「ナップ」〔イタリア移民の蔑称〕でさえ侮蔑するような粗末な服に身をつつんでやって来る。あのようなイメージにこりかたまっているひとびとはみな、首都のメインストリートをすこし歩くだけで驚愕し腰を抜かしてしまうのだ。ドレスを身にまとったエレガントなひとびとがいきかい、あちらこちらの店には高価な飾りつけ、贅をつくした装飾、堂々としたビル、派手な馬車、豊かさをしるしづけているあふれんばかりの飾りなど（中略）おおくの点でヨーロッパの第一級の都市同様の文明の進歩や洗練や味わいが豊富にあることの証拠を、こうしたしるしのいたるところにみいだすことができるのである。☆13

これは、一八八五年から五年間アルゼンチンに滞在したトーマス・A・ターナーの旅行記『アルゼンチンとアルゼンチン人』の一節である。ヨーロッパの都市との同一性の〈証拠〉をならべたてることがすなわち、ブエノスアイレス市のグローバルな格付け評価をあげていくことであるとする、ヨーロッパ中心主義の紋切り型と言ってよいだろう。もっともターナーは「ブエノスアイレス市の進歩と文明化は、現地人《ネイティヴ》ではなく外国人によってもたらされた」☆14とつけくわえるのを忘れてはおらず、ブエノスアイレス市への高い評価は、その「文明化」をもたらしたヨーロッパ人自身の称揚を意味していたのだが。

ヨーロッパの都市との類似性をきわだたせることでもってアルゼンチンの首都を賛美する自画自賛の叙述を展開する一方で、ターナーは、そういった同質性にうんざりした調子でこのように述べている。「ブエノスアイレス市のなかには詩情をかきたてるものはほとんどない。あたりにはびこるその物質主義やさもしい貪欲さ、下品な官能性にしてもそうだし、神を畏れず社交性に欠けるハイブリッドな住民にしても、その文明のけばけばしい華美や表層的なみせかけ、何マイルにもおよぶ退屈な細い街路や、似たりよったりの住宅のブロック塀にしても、詩

☆13　Turner 1892: 2930.
☆14　Turner 1892: 31.

情はまったくかきたてられない」。それにつづけて言うには、「都市そのもののなかにはピクチャレスクなものは皆無にちかいのだ」[☆15]。注目したいのはこの最後の一文、都市にはピクチャレスクなものがほとんどないという部分である。

都市にはピクチャレスクなものはない。だがターナーによれば、「三十分ほどの鉄道の旅が連れて行ってくれる平原の野生《ワイルドネス》と野蛮のなかに」[☆16]、それはある。とりわけ現地のひとびとが集まるプルペリーアに。

むろんカンポ〔田舎〕にはほとんど娯楽はない。じじつカンペシーノ〔田舎の人間〕の楽しみは、ガウチョの流儀にならって、酒を飲むことと競馬のふたつにかぎられているとのことらしい。田舎生活のなかでとても印象的な特色をもっているのが、プルペリーアである。プルペリーアはたいてい醜いアドベの掘立て小屋で、雑草やぼうぼうとはえた牧草のまんなかに建てられているか、まれに二〜三本のユーカリやヤナギの木陰に建てられている。だがまさにそのぞっとする様のゆえに、プルペリーアはピクチャレスクなのだ。外には鉄の棒か敷石にうちつけられた環があり、そこにパトロンたちの馬がしっかりつながれている。天気のよい日には、壁は蝿にすっかりおおいつくされているようにみえ、レッハス〔鉄格子〕で保護された窓ガラスは、内側も外側も蝿の痕と土埃でべったりと塗りたくられてすっかり曇ってしまっているので、光を通す役にはたたない。夏の季節には出入口は汚

☆15　Turner 1892: 147.
☆16　Turner 1892: 31.

れた分厚いカーテンでさえぎられ、内部を暗く涼しく保つのと、無数の蠅や蚊をいれないための二重の役目をはたしている。プルペリーアの内部は、たいてい水がたまってべたべたした汚いトタンのカウンターつきの粗製の「バール」からできている。ぐるりとまわりをとりまいている漆喰塗りの木棚のうえには、スピリッツ用に売られるいかがわしい混ざりものが、ゴージャスなラベルの瓶にはいってならべられているけれど、そのおおくは身体に害のあるなにかの着色料などで色づけされた質の悪いスピリッツ（アグアルディエンテ）である。店の主人は、ほとんどはがさつで不潔で身なりにかまわないずんぐりした男で、シャツにズボン、それにアルパルガタスを履いた貧弱な装いで客と雑談し、爆弾に等しいコピータ〔酒杯〕を注ぐようにつくられた、分厚くべたべたしたグラスにリキュールを調合している。バールのうしろにはたいてい小さな玉突き部屋があって、その場にあるすべてのものがそうであるように、べたべたと汚れてはやくも朽ち果てそうなフランス製の玉突き台がある。プルペリーアが普通サイズのところなら、そこにはカンチャ〔球戯用の囲い〕と球転がしの通路があり、それもまた埃まみれで汚い。じっさいその空間全体がむかつくような悪臭と汚らしさで充満しており、虫の群れや蠅やカンポのその他の害虫であふれている。これがプルペリーアの一般的な特徴で、開いていればいつでもそこには、陽に灼けて旧式の髭をはやした、荒々しい顔つきの、またはかすみ目のカンペシーノたちがたくさん集まってきては、そのからっぽのおつむを粗悪なカーニャ〔火酒〕で煮たたせ、ひと箱五セント紙幣ほどのひどいシガリージョス・ネグロス〔黒煙草〕を吸って意識朦朧になっているが、このしろものたるや、人類のためにこれまでにつくられたもののなかでもっとも有害な煙草であることは間違いない。[☆17]

内陸諸州にはほとんど触れていないターナーの旅行記のなかで、「カンポ」の風景、とりわけこのプルペリーアの光景は、細部にいたる描写からして印象的な部分である。それにしても、なぜ、このようなプルペリーアをさして、しばしば美しいものの表現とされる「ピクチャレスク」つまり「絵画的」という形容詞がもちいられているのだろう。たとえば南部フロンティアの遠征にでかけるにあたって地方を通過したセバージョスは、汽車の車窓に流れる整然とした穏やかな景色を評して、語義上は英語のピクチャレスクに対応する「ピントレスコ」という形容詞をもちいていた。だがここでターナーが描いているプルペリーアの風景は、セバージョスが「ピントレスコ」と形容したあかるく調和のとれた美の雰囲気とはまったく異なっている。「ぞっとする様のゆえに、プルペリーアはピクチャレスクなのだ」という表現に象徴されているように、陰惨で雑然とし、不潔で病的ですらある風景が、ターナーにおいてはピクチャレスクだというのである。

暗澹たる光景をピクチャレスクなものととらえる矛盾した眼差しの構造は、どうやらターナーに固有というわけではなかったようだ。富山太佳夫によれば、それは「十九世紀イギリスの

☆17 Turner 1892: 200-01. 強調はターナー。

中流文化の政治学」の表現である。そもそも美しいものの描写をめぐっては、ピクチャレスクとは別に、崇高《サブライム》なものの美の概念があった。だがこのサブライムとは、人間を圧倒し畏怖の念をもたらすもの、すなわち自然の驚異的なさまや無限性につらなる概念であったことから、サブライムと美しいものの関係は、宗教的な崇高性をめぐる問題圏、つまり神的なものの表象可能性を問う宗教的な問題領域と隣接するものであらざるをえなかった。ピクチャレスクとは、このように無秩序で際限ないサブライムの自然ではなく、一定の秩序をもつ枠にはめられた自然をとりあつかうことによって、宗教的な問題圏をひとまずあつかわずにすむしかたで美しいものの描写を可能にするようにと、十八世紀後半に選びとられた概念だったと富山は言っている。つまりピクチャレスクとは、まず第一に美しいものの表象行為をまったき世俗的な領域でおこなうことを意味した。それと同時に、ピクチャレスクな自然的風景の誕生は、サブライムを特徴づけていた自然の途方もなさや巨大さが、十八世紀後半のブルジョアジーによって調教され形式化されていったことをさししめしているのである☆18。

「絵画的」という言葉の意味がしめしているように、ピクチャレスクとは芸術へとかたちを変えられた自然のことだ。それは、まずもっては一定の枠の内部で完結するような処理を自然にくわえておいたうえで、人工的な処理が露骨なかたちでみえないようにと、そこに〈自然らしさ〉の演出をほどこした、そういった自然のことだ。ひとの手をいったんくわえたうえで、自然的なものをかもしだす演出技法としてピクチャレスクの風景のなかにとりこまれたのが、醜

☆18 十九世紀初頭の段階で、サブライムは、フンボルトがラテンアメリカの自然をとらえるときの鍵となる美の概念であった（Pratt 1992: 120-21）。だがそれから八十年後のターナーの旅行記にサブライムの美にかんする叙述はみあたらない。

悪なものや奇形的なものがもつ荒々しさの表現であった。農民の貧困生活のような暗澹たるさまは、ピクチャレスクな風景を自然らしくみせるための格好の素材とされたわけだ。このように、ピクチャレスクな庭園風景をつくりだすために十八世紀のイギリスでなされた囲いこみ運動によって疎外された貧農を、こんどは美的対象としてピクチャレスクの風景のなかに囲いこみ所有しようとするもの、それが富山のいうピクチャレスクの政治学である。ピクチャレスクは時間的・空間的な距離を前提とするパラダイムであるのと同時に、「階級的な距離」を前提とする、政治的かつ社会的な美意識なのである。[☆19]

だがそれにしても、である。ターナーによるさきのプルペリーアの叙述は、ピクチャレスクというには、あまりに審美的なものからかけはなれてはいないだろうか。ほんの部分的な演出というのではなく、そこにあるいっさいがっさいを、徹頭徹尾、不愉快なものとして描写しておきながら、それにピクチャレスクという形容詞を冠するとは。

もしや、対象とのあいだには距離をもたらす別の表象のメカニズムが働いていて、その効果としてもたらされる距離が、あの風景をピクチャレスクたらしめる距離にすりかえられていたのではないだろうか。十八世紀末から十九世紀にかけてのイギリスのピクチャレスクが表象していた「階級的な距離」とは別種の距離。読者と対象のあいだ、イギリス人と現地人のあいだの距離。すなわちヨーロッパ世界と非ヨーロッパ世界のあいだの距離をもたらす表象のメカニズムである。

☆19　富山　一九九五・八〇～九一。

ターナーの旅行記では、イギリスとアルゼンチンの距離をつくりだすために、まずもって俗語を主とする現地のスペイン語を英語の文章のなかにイタリック体で書きこむ手法が多用されている。二百三十語からなる付録の英語対訳語義集にまとめられていることにあきらかなように、旅行記全般にわたって頻繁にはさみこまれているイタリック体のアルゼンチン＝スペイン語は、翻訳可能な透明な語として消費されているのであって、いうまでもなく統御不能で翻訳不可能なもののあらわれとしてダーウィンやヘッドの記述に書きこまれていたスペイン語の発話の断片とは、原理的に異なっている。むしろこれらのイタリック体のアルゼンチン＝スペイン語は、ローカリティの証拠として、自然らしさをかもしだす起伏や抑揚のテクニックとして挿入されているにすぎない。

しかしながら、イギリスとアルゼンチンの距離を演出するためには、アルゼンチン＝スペイン語の切れ端だけでは不十分なのだ。すでに述べたように、ターナーの旅行記の大部分はブエノスアイレス市に関連する記述にさかれており、そこでブエノスアイレス市は、「ヨーロッパの第一級の都市同様の文明の進歩や洗練や味わい」のある場所として描かれていた。むろんこうした表現じたい、植民地主義的言説の紋切り型であることにちがいはないのだが、しかしこのように描くことによって旅行記の叙述には困難が生じてきてしまう。ブエノスアイレス市とヨーロッパの都市の同一性を主張すればするほど、アルゼンチンとヨーロッパの距離が消えてしまうからである。距離感をもたらすしかたで描きあげるためには、構図のなかにもっと強烈な抑揚が描きこまれなければならない。そうすることで自然らしさがより決定的なしかたで演出されなければならない。さきのプルペリーアの風景は、まさにそうした距離を生みだすためのものだったのではないか。そしてその距離の演出は、徹底的に奇形的《フリーク》なものとしてプルペリーアと現地人を描きだすことによって実現されたのではなかったか。

じつはこのようなフリークの表象は、ヨーロッパの植民地主義的言説の常套手段である。記号論や精神分析の手法をもちいた文化批評を展開しているスーザン・スチュアートは、その著『憧憬論』のなかで、シャムの双生児やアイルランドの巨人、ピグミーなど、ヨーロッパの言説のなかでくりかえし表象されてきたグロテスクなフリークとしての文化的な他者の身体像が、スペクタクルの場に供されるさいに生じる、〈観る者〉と〈観られる怪物〉の分節化にともなうメカニズムについてこう言っている。「〈自然のフリーク〉としてしばしば言及されるそのフリークが、文化のフリークであることは強調しておかなければならない。かれ、または彼女の異形なる状態は、スペクタクルの過程が観ている者を遠ざけるときに、そのスペクタクルの過程によって分節化され、その結果、観察者を〈規範的存在化〉normalizeし、フリークを逸脱視するのだ。スペクタクルは沈黙のなかに存在しているので、そこに対話はなく、あるのは露天商人や客ひきの声だけなのである」、と。

このように述べたあとで、こうした異形なる者としての文化的な他者像が植民地言説のなかで果たしている役割について、つぎのように指摘している。

文化的な他者の身体は、この〔フリークの〕メタファによって、植民地化一般の特徴とかんがえてよいであろうプロセスのなかで、自然化されると同時に飼い馴らされる。というのも、すべての植民地化は残忍な方法での野獣の飼い馴らしをともない、そのゆえに動物と人間の両方を変換し投射するとともに、差異化し同一化するからである。展示されることによって、フリークは辺境領域《フロンティア》をそれと名ざすことを表象し、野生が、外部世界が、いまや領土であることの保証を表象しているのだ。[☆20]

ターナーが嬉々として描いている「ぞっとする」プルペリーアとそこのひとびとのピクチャレスクとは、スチュアートのいうフリークな文化的他者のスペクタクルである。その場の不潔さも、蝿も、酒に酔う荒々しい顔の男たちも、あたかもむこう側からはみえないマジックミラーのこちら側から、あるいは疾走する汽車の快適な車窓の内側から、眺められるものである。それは観察者にけっして脅威をあたえることのない飼い馴らされた自然の表象であり、現地を自然化するための装置であると同時に、対象に逸脱のしるしを刻印することをつうじて、ヨーロッパ世界に属する叙述者を〈規範的存在化〉する。そして、対象を、〈規範的存在〉のかわらに、〈規範的存在〉の逆像としておくことによって表象可能なものにする。ピクチャレスクな風景とは、そういった植民地主義的な文化政治の装置だったのである。

☆20 Stewart 1993: 109-10.

あとがき

本書におさめられている文章の一部は、すでに発表したものである。初出はつぎのとおり。

第一章後半部分の「第二の自己領有――歴史叙述と修辞性」から「反＝叙述的な力」までの五節分は、『思想』第八五一号（一九九五年五月）に、「歴史叙述と〈法外なもの〉の在り処――十九世紀アルゼンチン思想における自己領有の問題」と題して発表したものである。ただし本書に収録するにあたっては、大幅に加筆修正した。同様に既発表のものに手をくわえておさめたのが第三章である。これは、『現代思想』vol. 24-1（一九九六年一月）に、「グランジ――コロニアル・ディスコース再読」と題して発表した。

また、これらふたつの拙論、ならびに第一章の前半部分（第一節から第四節まで）は、一九九八年六月に提出した東京外国語大学博士学位請求論文「接触と領有――十九世紀アルゼンチンの近代化過程における言説の政治」にくみこんでいる。博士論文では、これ以外に、十九世紀末から深刻化する都市下層民の監視と統制をめぐる、衛生学、精神病理学、犯罪学にかんする分析や、二十世紀初頭における土着主義的な言説の変容と文化主義的人種主義についての考察をおこなっているが、本書を構成するにさいしては、おもいきって全面削除した。いずれこれらの問題は、まったくあたらしいかたちで構想しなおすつもりである。

そのかわりにあらたに書きおろしたのが、本書のプロローグと第二章である。第二章は、博士論文をまとめるさいに積みのこしたいくつかのテーマをあつかっている。またプロローグは、博士論文審査の公開口頭試問のさいに提起されたいくつかの重要な問いかけをきっかけに、みずからの方法論的アプローチをふりかえる作業のなかで書かれたものである。


本書を書くにあたっては、さまざまなひとびとにお世話になった。

まずは博士論文審査の主査であり、サイードにひきあわせてくれたときからの指導教官として、また拙稿に目をとおす最初の読者として、つねに批評的慧眼をもって問題点を指摘し、論点の展開可能性を助言してくださった上村忠男氏なくして本書はできあがらなかった。また博士論文審査で副査になっていただいた酒井直樹氏、牛島信明氏、落合一泰氏、中野敏男氏からは、あらたな視座の示唆や批判、助言、あたたかい励ましをいただいた。それらなくしては大幅な改変と練りなおしは不可能だった。いずれの方々にも記して深謝したい。

平成八年度から三年間にわたって文部省科学研究費特別研究員奨励費の助成をうけた。関係機関に感謝したい。また、拙稿発表の場をあたえてくれた『思想』編集部の小島潔氏と、『現代思想』編集部の池上善彦氏に感謝したい。

文献や資料の蒐集にあたって協力をあおいだひとびとは数知れないが、ここにその一部だけを記しておく。ブエノスアイレス大学付属歴史学研究所ならびにその研究所長ホセ・カルロス・キャラモンテ氏、十五年まえに研究所で出会って以来、ブエノスアイレスとパリから資料関係の相談に応えつづけてくれたピラール・ゴンサレス・ベルナルド氏、東京での参考文献入手の求めにこころよく応じてくれた後藤雄介氏、柳原孝敦氏、シアトルとロスアンジェルスで古い文献の再版を探しだしてくれたマイケル・J・タイラ氏と林まや氏、また博士論文を読んだうえで鋭いコメントを送ってくれた齋藤晃氏の協力と友情には多くを負うてきた。それから執筆過程のゼミ発表で、毎回うんざりする量の拙稿提示につきあい励ましてくれた矢野久美子氏と東京外国語大学大学院上村ゼミのメンバーたち、その他おおくの友人たち、そしてなにより家族にささえられてきた。心の底から、ありがとう。

最後になるが、この本ができあがったのは、ひとえに未來社社長の西谷能英氏の尽力のおかげである。原稿執筆から校正ゲラの戻しにいたるまで、遅々としてすすまない作業を辛抱強く見守っていてくれた。深謝したい。

著者

二〇〇一年五月二十九日

ア行

アベラスタイン、アントニオAntonio Aberastain　40, 43
アリエロarriero　83, 92, 146
アルシーナ、バレンティンValentín Alsina　52-54, 57, 76
アンドルーズ、ジョーゼフJoseph Andrews　36-38, 142, 149, 166
逸話anectote　65-74, 121-24, 134, 135, 175
「イデオロギーと言語行為論」"Ideology and Speech-Act Theory"　12
意味複数性polysemy　72
インディオ（先住民）indio, indígena　45, 64, 66, 68, 71, 72, 83, 111, 123-27, 131, 134-36, 138, 147, 150-55, 162, 164, 166, 170, 176, 178, 184, 187, 188
ヴォルネ、コンスタンタン・フランソワ Constantin Franc&ois Volney　33-35
オースティン、J・L J. L. Austin　12
オラスコアガ、マヌエル・J Manuel J. Olascoaga　187
オリエンタリストorientalist　40, 44
『オリエンタリズム』*Orientalism*　7, 8, 32
オリエント（オリエンタル）Orient, oriental　32-35, 38, 39, 44, 47

カ行

ガウチョ（牧童）gaucho　28, 45-48, 50, 51, 59, 61, 63, 66, 70, 78, 121, 149, 151, 166, 168, 173, 179, 188, 196
ガウチョ・マーロGaucho Malo　65, 66, 68, 70, 71, 74
科学的言説scientific discourse　127
観光的な旅行tourism　184, 193
間テクスト性inter-textuality　37, 149
カントールcantor　60, 61, 64, 65, 67-70, 72-75
記　憶memory　64, 88, 93, 105, 107, 108, 113, 118, 120, 124, 135, 137
協同の原則Cooperative Principle　13-15, 20
キローガ、ファクンドFacundo Quiroga　28, 54, 63-65, 67, 72
『グビ＝アマヤ』*Gubi-Amaya*　94, 96, 98, 104, 105, 115, 116
グライス、ポール H. P. Grice　13, 14
グランジgrunge　148, 157, 175, 178
クリオージョ知識人criollo (creole) intellectuals　27, 50
『黒手袋』*El guante negro*　110, 111, 116
『ケーナ』*La quena*　112, 116
ケサーダ、ビセンテ・G Vicente G. Quesada　95
権　威authority　23, 39, 43, 130, 140, 142, 144, 162
言語行為論speech act theory　12, 13, 15-17, 20, 156
口承的表現oral expressions　50, 51, 60
コウベル、W・H W. H. Koebel　191
国民主義nationalism　49, 78-80
国民主義的言説national discourse　8, 50, 82, 94
国民的同一性national identity　27, 46, 52
ゴリティ、フアナ・マヌエラJuana Manuela Gorriti　80, 81, 83, 94-98, 101-04, 107, 110, 113-15, 117-19, 124, 126, 130-38

サ行

サール、ジョン・R John R. Searle　12, 14
サイード、エドワード・W Edward W. Said　7, 8, 17, 19, 20, 32, 79, 139
齋藤晃　147
酒井直樹　48
サルミエント、ドミンゴ・ファウスティーノ Domingo Faustino Sarmiento　28-30, 32-34, 37-41, 43, 44, 51-61, 63, 70, 78, 80, 81, 83-86, 90-94, 100-03, 117, 173
自己領有appropriation and self-fashioning　27, 39, 48-50, 56, 61-65, 69, 75, 76
支配的言説dominant discourse　11, 18, 19, 22-24
資本主義の尖兵capitalist vanguard　26, 119, 140, 149
修辞rhetoric　56, 57
従属的な行為性subaltern agency　180
『巡歴』（『ある悲しい魂の巡歴』）*Peregrinaciones de una (sic) alma triste*　114, 115, 117-19, 122, 124, 126-28, 130, 132, 134
植民地主義colonialism　9, 19, 25, 26, 43, 48, 124, 125, 132, 133, 137, 138, 148, 203
植民地主義的言説colonial dicourse　8, 9, 47, 49, 50, 139, 144, 145, 147-49, 152, 156, 175, 177, 179-81, 201, 202
人種差別主義racism　175
スチュアート、スーザンSusan Stewart　202
セールストラング、アルトゥーロArturo Seelstrang　127-31, 134
接触領域contact zone　9, 10, 12, 15-17, 27, 49, 136, 145
セバージョス、エスタニスラオ・S Estanislao S. Zeballos　191, 198

タ行

ダーウィン、チャールズCharles Darwin　152-55, 157, 164, 183
ターナー、トーマス・A Thomas A. Turner　195, 196, 200, 201
対位法的読みcontrapuntal reading　19, 20
代補supplément　18, 75, 181
高橋哲哉　75, 181
探査exploration　127-33, 159, 182, 185, 186
地図（化）map (mapping)　26, 127-29, 142,

158, 159, 162-67, 169, 172-74, 180, 185-88, 193
『地方の思い出』*Recuerdos de provincia* 83, 84, 88, 89, 94, 100-02
地理学（大地書記術）geography 127, 128, 130, 131, 133, 159, 164, 172, 185-88, 190
デ・アンヘリス、ペドロPedro de Angelis 162, 165
帝国主義imperialism 26, 46-48, 139-42, 146
『帝国の眼差し』*Imperial Eyes* 8, 9, 11, 12, 15, 51
テクスト的態度textual attitude 32
デリダ、ジャックJacques Derrida 75, 172, 173, 181
転移（欲望の）transference (of desire) 48, 49
土着（主義）native (nativism) 46-49
富山太佳夫 198-200
トリスタン、フローラFlora Tristan 114
ドルビニー、アルシドAlcide D'Orbigny 170

ハ行

ハースト、W・A W. A. Hirst 183, 184, 186
バーバ、ホミHomi K. Bhabha 179, 180
博物学natural history 26, 160
バケアーノ（バキアーノ）baqueano (baquiano) 128, 146, 170, 173, 177, 187, 188
パリッシュ、ウッドバインWoodbine Parish 164-66
パルシャップ、ナルシスNarcisse Parchappe 169, 171, 173, 177
バルト、ロランBarthes, Roland 179
ピクチャレスク（ピントレスコ）picturesque (pintoresco) 118, 191, 196, 198-200, 203
『ファクンド』*Facundo* 28-30, 32, 33, 39, 40, 43-46, 48, 50-53, 56, 58, 60, 62, 64, 69-76, 83, 119
風景landscape 26, 28, 29, 32, 35, 37-39, 118-21, 133, 134, 140-43, 191-93, 199, 200, 202, 203
フーコー、ミシェルMichel Foucault 7, 35, 60
フォンタナ、ルイス・ホルヘLuis Jorge Fontana 131-34
フッサール、エドムントEdmund Husserl 172
プラット、メアリー・ルイーズMary Louise Pratt 8-13, 15-17, 20, 51, 140, 144
プロット（歴史叙述の）plot (in historical narrative) 69, 70, 72, 3
フロンティアfrontier 66, 67, 71, 72, 111, 122, 124, 153, 159, 161-63, 169, 185, 188, 190, 203
『文学ならびに芸術的栄誉』*Palma literaria y artística* 117, 131
『文化と帝国主義』*Culture and Imperialism* 8, 19, 139
フンボルト、アレクザンダー・フォンAlexander von Humboldt 164
ペイジ、トーマス・J Thomas J. Page 128-30
ヘッド、フランシス・ボンドFrancis Bond Head 149-52, 154, 155, 166-69, 171, 173, 183, 193
ベルスー、マヌエル・イシドロManuel Isidoro Belzú 97
ペレス、サントスSantos Pérez 64, 65, 67, 68, 72
ベンヤミン、ヴァルター Walter Benjamin 17, 18
法外なものenormé 62, 76
亡命exile 77-82, 96, 98, 101, 117
ボウモント、ジョン・A・B John A. B. Beaumont 146, 149, 165
ホワイト、ヘイドンHayden White 57, 58

マ行

マイアーズ、ジョンJohn Miers 146, 149, 158, 163, 166, 186
マッカン、ウイリアムWilliam MacCann 141, 142, 146, 162
『マナンティアルの明星』*El Lucero del Manantial* 111
ミトレ、バルトロメBartolomé Mitre 117
ムシー、マルタン・ドVictor Martin de Moussy 186

ラ行

ラウフ、フリードリヒRauch, Friedrich 64, 66-68, 71
ラモス、フリオJulio Ramos 60, 74, 75
『両世界評論』*Revue des deux mondes* 41, 42
旅行記travel writing 9, 15, 26, 27, 29, 32, 39, 118-20, 133, 140, 144-46, 148, 149, 157, 163, 165, 167, 175, 182-84, 189, 191, 201
レヴィ＝ストロース、クロードClaude Lévi-Strauss 72, 173
歴史叙述historical narrative 15, 17-19, 52-54, 56, 57, 59, 61-63, 68, 69, 72, 73, 76, 117, 139
ロサス、フアン・マヌエル・デJuan Manuel de Rosas 30, 54, 66, 67, 77, 78, 81, 111, 160, 162, 164, 165, 169
ロサルド、レナートRenato Rosaldo 47
ロハス、リカルドRicardo Rojas 77-80

参照文献一覧

Andrews, Joseph,

［1971］ *Journey from Buenos Ayres, through the Provinces of Cordova, Tucuman, and Salta, to Potosi, thence by the Deserts of Caranja to Arica, and Subsequently, to Santiago de Chili and Coquimbo, Undertaken on Behalf of the Chilian and Peruvian Mining Association, in the Years 1825-26* 2 vols. New York: AMS. 1827年にロンドンのJohn Murray社から出されたテクストの再版。スペイン語訳*Viaje de Buenos Aires a Potosí y Arica*が、訳者Carlos A. Aldaoの編纂による“La Cultura Argentina” 叢書の一部として1920年にブエノスアイレスで出版されている。

Allende, Andrés R.,

［1961］ “La guerra de fronteras durante la presidencia de Sarmiento.” *Humanidades*, t. XXXVII, vol. 2, Universidad de La Plata, pp. 57-79.

Alsina, Valentín,

［1961］ “Nota de Valentín Alsina al libro *Civilización i barbarie*.” En: Domingo Faustino Sarmiento, *Facundo*. Reedición ampliada de la edición crítica y documentada que publicó la Universidad Nacional de la Plata, I. Buenos Aires: Ediciones Culturales Argentinas, pp. 349-419. 初版はEstanislao S. Zeballos (dir.), *Revista de derecho, historia y letras*, tomos X y XI, 1901.

Babini, José,

［1986］ *Historia de la ciencia en la Argentina*. Buenos Aires: Solar.

Batticuore, Graciela,

［1999］ *El taller de la escritora. Veladas literarias de Juana Manuela Gorriti: Lima - Buenos Aires (1876/7-1892)*. Rosario: Beatriz Viterbo Editora.

Bazán, Armando Raúl,

［1986］ *Historia del Noroeste argentino*. Buenos Aires: Plus Ultra.

Beaumont, John A. B.,

［1957］ *Viajes por Buenos Aires, Entre Ríos y la Banda Oriental (1826-1827)*. Trad. Jose L. Busaniche. Buenos Aires: Hachette. 1828年にロンドンで出版された*Travels in Buenos Aires, and the Adjacent Provinces of the Rio de La Plata with Observations, Intended for the Use of Persons Who Contemplate Emigrating to That Country; Or, Embarking Capital, in Its Affairs*のスペイン語訳。

ベンヤミン、ヴァルター

［一九九九］「歴史の概念について〔歴史哲学テーゼ〕」浅井健二郎編訳・久保哲司訳『ベンヤミン・コレクション』第1巻。第2版、ちくま学芸文庫、645〜65ページ。

Berg, Mary,

[1994] "Viajeras y exiliadas en la narrativa de Juana Manuela Gorriti." En: Lea Fletcher (comp.), *Mujeres y cultura en la Argentina del siglo XIX*. Buenos Aires: Feminaria, pp. 69-79.

Bhabha, Homi K.,

[1994] *The Location of Culture*. London/New York: Routledge.

British Packet, The,

[1976] *The British Packet. De Rivadavia a Rosas. 1826-1832.* Recop. y trad. G. Lapido & B. S. de Lapieza Elli. Buenos Aires: Solar-Hachette.

Bunkley, Allison Williams,

[1952] *The Life of Sarmiento*. New York: Greenwood Press.

Busaniche, José Luis,

[1958] "Estudio Preliminar." En: Woodbine Parish, *Buenos Aires y las Provincias del Rio de la Plata*. Trad. Justo Maeso. Buenos Aires: Hachette, pp. 7-29.

Casavalle, Carlos (ed.),

[1992] "Palma literaria y artística de la escritora argentina Juana M. Gorriti. El álbum y la estrella. Doble Ceremonia, 18 y 24 de setiembre." En: Juana Manuela Gorriti, *Obras Completas* I. Salta: Fundación del Banco del Noroeste, pp. 15-65. 初版は1875年にブエノスアイレスのLibrería de Mayoから出された。

Correa Morales de Aparicio, Cristina,

[1968] "John Miers y sus viajes por Chile y el Plata." En: John Miers, *Viaje al Plata. 1819-1824*. Trad. C. Correa Morales de Aparicio. Buenos Aires: Solar-Hachette.

Darwin, Charles,

[1889] *Journal of Researches Into the Natural History and Geology of the Countries Visited During the Voyage of H. M. S. 'Beagle' Round the World. Under the Command of Capt. Fitz Roy, R. N.* London: John Murray.〔島地威雄訳『ビーグル号航海記』岩波文庫、1959年〕。

De Angelis, Pedro,

[1910] "Discurso preliminar al viage a Salinas Grandes." En: *Colección de obras y documentos relativos a la historia antigua y moderna de las provincias del Río de La Plata* III. 2a. ed. Buenos Aires: Librería Nacional de J. Lajouane y Cía Editores, pp. 197-261. 全6巻からなる叢書初版は1836年から翌年にかけて州立出版局から刊行された。

Derrida, Jacques,

[1962] "Introduction." In: Edmund Husserl, *L'Origine de la Géométrie*. Trad. Jacques Derrida. Paris: Presses Universitaires de France, pp. 3-171.〔田島節夫・矢島忠夫・鈴木修一訳『幾何学の起源』青土社、1988年〕

D'Orbigny, Alcide,

[1999] *Viaje por América meridional* 2 vols. Trad. A. Cepeda. Buenos

Aires: Emecé. 1835年にパリで出された*Voyage dans L'Amérique Méridionale*のうち、ラプラタ地域について言及されている部分についてのスペイン語訳。さらにナルシス・パルシャップの日誌部分だけを独立させたスペイン語版として*El Fuerte 25 de Mayo en Cruz de Guerra*が1949年にラプラタ市で、*Expedición Fundadora del Fuerte 25 de Mayo en Cruz de Guerra. Año 1828*が1977年にブエノスアイレスで出版されている。

Echeverría, Esteban,

［1977］*La cautiva. El matadero*. Buenos Aires: Centro Editor de América Latina.

Efrón, Analía,

［1998］*Juana Gorriti. Una biografía íntima*. Buenos Aires: Sudamericana.

Ferns, H. S.,

［1984］*Gran Bretaña y Argentina en el siglo XIX*. Trad. A. L. Bixio. Buenos Aires: Solar.

Fontana, Luis Jorge,

［1977］*El Gran Chaco*. Buenos Aires: Solar-Hachette. 初版は1881年にブエノスアイレスのImprenta de Ostwald y Martínezから出された。

Foucault, Michel,

［1960］*Les mot et les choses. Une Archéologie des sciences humaines*. Paris: Gallimard.〔渡辺一民・佐々木明訳『言葉と物――人文科学の考古学』新潮社、1974年〕

［1975］*Surveiller et punir. Naissance de la prison*. Paris: Gallimard.〔田村俶訳『監獄の誕生――監視と処罰』新潮社、1988年〕

Garretón, Juan Antonio,

［1974］*Partes detallados de la expedición al desierto de Juan Manuel de Rosas en 1833. Escritos, comunicaciones y discursos del Coronel Juan Antonio Garretón, publicados en la prensa de Buenos Aires desde 1819 hasta 1833, con el diario de marchas de la Expedición al Desierto en 1833*. Recop. Adolfo Garretón. 2a. ed. Buenos Aires: Editorial Universitaria de Buenos Aires. *Gaceta Mercantil*紙に掲載されたJuan Antonio Garretón大佐による遠征記録、および他の関連文書、書簡、演説を、子孫のアドルフォ・ガレトンが編纂したもの。

González Bernaldo, Pilar,

［1989］"El levantamiento de 1829: el imaginario social y sus implicancias políticas en un conflicto rural." En: Horacio Gaggero (comp.), *Estructura social y conflicto político en América Latina*. Buenos Aires: Biblos.

González Echevarría, Roberto,

［1994］"A Lost World Rediscovered. Sarmiento's *Facundo*." In: Tulio Halperín Donghi, Iván Jaksić, Gwen Kirkpatrick, Francine Masiello

(eds.), *Sarmiento. Author of a Nation*. Berkeley/Los Angeles/London: University of California Press, pp. 220-56.

Gorriti, Juana Manuela,

［1992-95］*Obras Completas* 4 vols. Salta: Fundación del Banco del Noroeste. 没後100年を記念してゴリティの作品をあつめた全6巻からなる初の全集として刊行が開始されたが、現在までのところ4巻までしか出されていない。

Halperín Donghi, Tulio,

［1979］*Revolución y guerra. Formación de una élite dirigente en la Argentina moderna*. 2a. ed. México: Siglo XXI.

［1980］*Historia contemporánea de América Latina*. 8a. ed. Madrid: Alianza.

［1987］*De la revolución de independencia a la confederación rosista*. Buenos Aires: Paidós.

Head, Francis Bond,

［1967］*Journeys across the Pampas and Among the Andes*. Carbondale/Edwardsville: Southern Illinois University Press. 1826年にロンドンのJohn Murray社から出された初版タイトルは*Rough Notes Taken During Some Rapid Journeys Across the Pampas and Among the Andes*. 同年中にイギリス版第2版が、2年後に第3版が出され、1827年にはアメリカ合州国版がボストンで出版された。スペイン語訳*Las Pampas y los Andes, Notas de Viaje*は1920年に "La Cultura Argentina" 叢書のひとつとしてブエノスアイレスで出版された。

Hernández, José,

［1977a］"El gaucho Martín Fierro." En: B. Hidalgo, L. Pérez, M. de Araúcho, H. Ascasubi, E. del Campo, J. Hernández, *Poesía gauchesca*. Cáracas: Ayacucho, pp. 191-254.

［1977b］"La vuelta de Martín Fierro." En: B. Hidalgo, L. Pérez, M. de Araúcho, H. Ascasubi, E. del Campo, J. Hernández, *Poesía gauchesca*. Cáracas: Ayacucho, pp. 255-383.

Hirst, W. A.,

［1910］*Argentina*. London: T. Fisher Unwin.

今井圭子

［一九八五］『アルゼンチン鉄道史研究——鉄道と農牧産品輸出経済』アジア経済研究所。

Irazusta, Julio,

［1975］*Vida política de Juan Manuel de Rosas a través de su correspondencia* 8 vols. Buenos Aires: Jorge E. Llopis.

Koebel, W. H.,

［1914］*Argentina. Past & Present*. 2nd. ed. London: Adam and Charles Black. 初版は1910年にロンドンのKegan Paul社から出された。

Kristal, Efraín,

［1987］*The Andes Viewed From the City. Literary and Political Discourse on the Indian in Peru 1848-1930*. New York: Peter Lang.
Lévi-Strauss, Claude,
［1962］*La pensée sauvage*. Paris: Plon.〔大橋保夫訳『野生の思考』みすず書房、1976年〕
Lynch, John,
［1981］*Argentine Dictator. Juan Manuel de Rosas. 1829-1852*. Oxford: Clarendon Press.
MacCann, William,
［1971］*Two Thousand Miles' Ride through the Argentine Provinces. Being an Account of the Natural Products of the Country, and Habits of the People; with a Historical Retrospect of the Rio de La Plata, Monte Video, and Corrientes* 2 vols. New York: AMS. 1853 年にロンドンのSmith Elder社から出された初版の再版。スペイン語訳*Viaje a caballo por las provincias argentinas*はブエノスアイレスのSolar社から1969年に出されている。
Maeder, Ernesto J. A.,
［1977］"Estudio preliminar." En: Luis Jorge Fontana, *El Gran Chaco*. Buenos Aires: Solar-Hachette, pp. 7-22.
Mansilla, Lucio V.,
［1959］*Una excursión a los indios ranqueles* 2 vols. Buenos Aires: Estrada.
Mansilla de García, Eduarda,
［1999］*Pablo o la vida en las pampas*. Trad. Alicia Mercedes Chiesa. Avellaneda: Confluencia. オリジナル版のタイトルは*Pablo ou la vie dans las pampas*.
Martin, Gerald,
［1998］"Literature, Music and the Visual Arts, *c*. 1820-1870." In: Leslie Bethell (ed.), *A Cultural History of Latin America. Literature, Music and the Visual Arts in the 19th and 20th Centuries*. Cambridge: Cambridge University Press, pp. 3-45.
Martínez Estrada, Ezequiel,
［1986］*Radiografía de la pampa*. Buenos Aires: Hyspamérica.
Masiello, Francine.
［1992］*Between Civilization & Barbarism. Women, Nation & Literary Culture in Modern Argentina*. Lincoln/London: University of Nebraska Press.
Miers, John,
［1826］*Travels in Chile and La Plata, Including Accounts Respecting the Geography, Geology, Statistics, Government, Finances, Agriculture, Manners and Customs, and the Mining Operations in Chile. Collected during a Residence of Several Years in These Countries* 2 vols. London:

Baldwin, Cradock and Joy. チリを扱った箇所を除いたスペイン語の部分訳が1968年にブエノスアイレスのSolar-Hachette社から出された。

Millones, Luis, & Mary L. Pratt,

［1989］*Amor Brujo. Image and Culture of Love in the Andes.* Syracuse/New York: Syracuse University.

Moussy, Victor Martin de,

［1963］*Descripción geográfica y estadística de la Confederación Argentina*. Buenos Aires: Ediciones Culturales Argentinas. 地図は1873年にパリで出されたフランス語版*Description géographique et statistique de la Confédération Argentine*の復刻版。解説部分についてのみスペイン語訳されている。

Mulhall, M. G. and E. T. Mulhall,

［1875］*Handbook of the River Plate Republics. Comprising Buenos Ayres and the Provinces of the Argentine Republic and the Republics of Uruguay and Paraguay.* London/Buenos Aires: Edward Stanford/M. G. & E. T. Mulhall.

村山淳彦

［一九九五年］「ふまじめをまじめに考えたら――批評理論としての言語行為論のゆくえ」中央大学人文科学研究所編『批評理論とアメリカ文学――検討と読解』中央大学出版局、185～223ページ。

Newton, Lily Sosa de (comp.),

［1995］*Narradoras argentinas (1852-1932)*. Buenos Aires: Plus Ultra.

Obligado, Pastor S.,

［1993］"Biografía de la romancista argentina Juana Manuela Gorriti." En: Juana Manuela Gorriti, *Obras Completas* II. Salta: Fundación del Banco del Noroeste, pp. 209-29. 1878年にブエノスアイレスのM. Biedmaから出されたゴリティの作品集*Misceláneas*に作者紹介の序文として収録されたもの。

落合一泰

［一九九六］「文化間性差、先住民文明、ディスタンクシオン――近代メキシコにおける文化的自画像の生産と消費」『民族學研究』61巻1号、52～80ページ。

Olascoaga, Manuel J.,

［1974］*Estudio topográfico de la Pampa y Río Negro*. Buenos Aires: Editorial Universitaria de Buenos Aires. 1879年のフロンティア戦に従軍したオラスコアガが提出した報告書に、他の未公開書簡などをくわえたものが1930年に出版された。ここで参照しているのは1930年版に注解を付したものである。

Parish, Woodbine,

［1958］*Buenos Aires y las Provincias del Rio de la Plata*. Trad. Justo Maeso. Buenos Aires: Hachette. 1852年にロンドンのJohn Murray社

から出版された英語の第2版*Buenos Ayres and the Provinces of the Rio de la Plata: From Their Discovery and Conquest by the Spaniards to the Establishment of Their Political Independence. With Some Account of Their Present State, Trade, Debt, etc; An Appendix of Historical and Statistical Documents; and a Description of the Geology and Fossil Monsters of the Pampas*のスペイン語訳（1853年）に、José L. Busanicheによる詳細な序文解説を付した版をここでは参照した。

Pelliza, Mariano A.,

［1992］“Prólogo” a “Panoramas de la vida.” En: Juana Manuela Gorriti, *Obras Completas* I. Salta: Fundación del Banco del Noroeste, pp. 71-74. 1876年にブエノスアイレスのLibrería de Mayoから出されたゴリティの著作*Panoramas de la vida*第１巻に収録されたもの。

Pratt, Mary Louise,

［1977］*Toward a Speech Act Theory of Literary Discourse*. Bloomington/London: Indiana University Press.

［1986］“Ideology and Speech-Act Theory.” *Poetics Today*, vol. 7, n. 1, pp. 59-72.

［1990］“Women, Literature, and National Brotherhood.” In: Seminar on Feminism and Culture in Latin America (eds.), *Women, Culture, and Politics in Latin America*. Berkeley/Los Angeles/Oxford: University of California Press.

［1992］*Imperial Eyes. Travel Writing and Transculturation*. London/New York: Routledge.

Pratt, Mary Louise, & Kathleen E. Newman,

［1999］“Introduction: The Committed Critic.” In: Jean Franco, *Critical Passions. Selected Essays*. Durham: Duke University Press, pp. 1-5.

Prieto, Adolfo,

［1996］*Los viajeros ingleses y la emergencia de la literatura argentina. 1820-1850*. Buenos Aires: Sudamericana.

Quesada, Vicente G.,

［1995］“Sueños y Realidades. Edición de las obras completas de la Sra. doña Juana Manuela Gorriti.” En : Juana Manuela Gorriti, *Obras Completas* IV. Salta: Fundación del Banco del Noroeste, pp. 285-90. 1864年に*Revista de Buenos Aires*第4巻に発表されたもの。

Ramos, Julio,

［1989］*Desencuentros de la modernidad en América Latina*. México: Fondo de Cultura Económica.

Rojas, Ricardo,

［1957］*Historia de la literatura argentina. Ensayo filosófico sobre la evolución de la cultura en el Plata* 9 vols. Buenos Aires: Editorial Guillermo Kraft.

Rosaldo, Renato,

[1993] *Culture & Truth. The Remaking of Social Analysis*. Boston: Beacon Press.〔椎名美智訳『文化と真実——社会分析の再構築』日本エディタースクール出版部、1998年〕

Royo, Amelia, (comp.),

[1999] *Juanamanuela, mucho papel*. Salta: Robledal.

Sabor, Josefa Emilia,

[1995] *Pedro de Angelis y los orígenes de la bibliografía argentina. Ensayo bio-bibliográfico*. Buenos Aires: Solar.

Said, Edward W.,

[1978] *Orientalism*. Penguin Books.〔板垣雄三・杉田英明監修、今沢紀子訳『オリエンタリズム』平凡社、1986年〕

[1985] *Beginnings. Intention & Method*. New York: Columbia University Press.〔山形和美・小林昌夫訳『始まりの現象——意図と方法』法政大学出版局、1992年〕

[1993] *Culture and Imperialism*. London: Vintage.〔大橋洋一訳『文化と帝国主義』第一巻、みすず書房、1998年〕

[1994] *Representations of the Intellectual*. London: Vintage.〔大橋洋一訳『知識人とは何か』平凡社、1995年〕

齋藤晃

[一九九三]『魂の征服——アンデスにおける改宗の政治学』平凡社。

酒井直樹

[一九九六]『死産される日本語・日本人——「日本」の歴史-地政的配置』新曜社。

Sarmiento, Augusto Belín,

[1929] *Sarmiento anecdótico. Ensayo biográfico*. Saint-Cloud: Imprenta P. Belín.

Sarmiento, Domingo Faustino,

[1889] “Facundo.” En: *Obras Completas* VII. Buenos Aires: Félix Lajouane, pp.1-239. サンティアゴ・デ・チレの*El Progreso*紙連載時（1845年5～6月）のタイトルは “Civilización y barbarie” だったが、El Mercurio社から出された初版（同年7月）では*Civilización y barbarie, o vida de Juan Facundo Quiroga*と変更された。本論でもちいたのは1884年から1903年にかけて出版された初の全集第7巻所収のもの。

[1948-56] *Obras Completas* 53 vols. Buenos Aires: Luz del Día. Lajouane社版全集の再版。

Seelstrang, Arturo,

[1977] *Informe de la comisión exploradora del Chaco*. Buenos Aires: Editorial Universitaria de Buenos Aires. Departamento de Inmigraciónに提出された報告書の初版は、ブエノスアイレスのTipografía y litografía del “Courrier de la Plata” から1878年に出された。

Stewart, Susan,
［1993］*On Longing. Narratives of the Miniature, the Gigantic, the Souvenir, the Collection*. Durham/London: Duke University Press.
高橋哲哉
［一九九二］『逆光のロゴス』未來社。
［一九九八］『デリダ』講談社。
富山太佳夫
［一九九五］『ダーウィンの世紀末』青土社。
Turner, Thomas A.,
［1892］*Argentina and the Argentines. Notes and Impressions of a Five Years' Sojourn in the Argentine Republic, 1885-90*. London: Swan Sonnenschein & Co.
上村忠男
［一九九四］『歴史家と母たち――カルロ・ギンズブルグ論』未來社。
Urraca, Beatriz,
［1999］"Juana Manuela Gorriti and the Persistence of Memory." *Latin American Research Review*, vol. 34, n. 34, pp. 151-173.
Walther, Juan Carlos,
［1980］*La conquista del desierto*. 4a. ed. Buenos Aires: Editorial Universitaria de Buenos Aires.
Weinberg, Felix,
［1980］"Sarmiento y el problema de la frontera (1845-1858)." *Congreso nacional de historia sobre la conquista del desierto*, t. 1, Academia Nacional de Historia, pp. 495-509.
White, Hayden,
［1992］*Tropics of Discourse. Essays in Cultural Criticism*. Baltimore/London: Johns Hopkins University Press.
柳原孝敦
［一九九四］「アルフォンソ・レイェスのアメリカ論」『ラテンアメリカ研究年報』第14号、117〜43ページ。
Zavala, Silvio,
［1977］*Orígenes de la colonización en el Río de la Plata*. México: Editorial de El Colegio Nacional.
Zeballos, Estanislao S.,
［1960］*Viaje al país de los araucanos*. Buenos Aires: Hachette.

■著者略歴

林みどり（はやし・みどり）

一九六二年、東京都世田谷区に生まれる。

一九九八年、東京外国語大学大学院地域文化研究科（地域文化論）博士後期課程修了。学術博士。

現在、明治大学政経学部専任講師。ラテンアメリカ思想文化論専攻。

業績：『ラテンアメリカ——統合と拡散のエネルギー』（共著、大月書店、一九九九年）、「精神分析前夜——〈ポストコロニアル・ブエノスアイレス〉の構築」（『現代思想』、一九九六年十月）など。

【ポイエーシス叢書48】
接触と領有
――ラテンアメリカにおける言説の政治
二〇〇一年 七 月 五 日 初版第一刷発行
定価……本体二四〇〇円＋税
©著者……林みどり
発行所……株式会社 未來社
東京都文京区小石川三―七―二
振替〇〇一七〇―三―八七三八五
電話（03）3814-5521～4
http://www.miraisha.co.jp/
Email: info@miraisha.co.jp
発行者……西谷能英
印刷・装本……萩原印刷
ISBN4-624-93248-X C0310

ポイエーシス叢書

（消費税別）

☆は近刊

1 起源と根源　カフカ・ベンヤミン・ハイデガー　小林康夫著　二八〇〇円

2 未完のポリフォニー　バフチンとロシア・アヴァンギャルド　桑野隆著　二八〇〇円

3 ポスト形而上学の思想　ユルゲン・ハーバーマス著／藤澤賢一郎・忽那敬三訳　二八〇〇円

4 アンチ・ソシュール　ポスト・ソシュール派文学理論批判　レイモンド・タリス著／村山淳彦訳　四二〇〇円

5 知識人の裏切り　ジュリアン・バンダ著／宇京頼三訳　二八〇〇円

6 「意味」の地平へ　レヴィ＝ストロース、柳田国男、デュルケーム　川田稔著　一八〇〇円

7 巨人の肩の上で　法の社会理論と現代　河上倫逸著　二八〇〇円

8 無益にして不確実なるデカルト　ジャン＝フランソワ・ルヴェル著／飯塚勝久訳　一八〇〇円

9 タブローの解体　ゲーテ「親和力」を読む　水田恭平著　二五〇〇円

10 余分な人間　『収容所群島』をめぐる考察　クロード・ルフォール著／宇京頼三訳　二八〇〇円

11 本来性という隠語　ドイツ的なイデオロギーについて　テオドール・W・アドルノ著／笠原賢介訳　二五〇〇円

12 他者と共同体　湯浅博雄著　三五〇〇円

13 境界の思考　ジャベス・デリダ・ランボー　鈴村和成著　三五〇〇円

14 開かれた社会―開かれた宇宙　哲学者のライフワークについての対話

15 討論的理性批判の冒険　ポパー哲学の新展開
カール・R・ポパー、フランツ・クロイツァー／小河原誠訳　二〇〇〇円
小河原誠著　三二〇〇円
16 ニュー・クリティシズム以後の批評理論(上)
フランク・レントリッキア著／村山淳彦・福士久夫訳　四八〇〇円
17 ニュー・クリティシズム以後の批評理論(下)
フランク・レントリッキア著／村山淳彦・福士久夫訳　三八〇〇円
18 フィギュール
ジェラール・ジュネット著／平岡篤頼・松崎芳隆訳　三八〇〇円
19 ニュー・クリティシズムから脱構築へ　アメリカにおける構造主義とポスト構造主義の受容
アート・バーマン著／立崎秀和訳　六三〇〇円
20 ジェイムスン、アルチュセール、マルクス　『政治的無意識』入門講座
ウィリアム・C・ダウリング著／辻麻子訳　二五〇〇円
21 スーパーセルフ　知られざる内なる力
イアン・ウィルソン著／池上良正・池上冨美子訳　二八〇〇円
22 歴史家と母たち　カルロ・ギンズブルグ論
上村忠男著　二八〇〇円
23 アウシュヴィッツと表象の限界
ソール・フリードランダー編／上村忠男・小沢弘明・岩崎稔訳　三二〇〇円
24 オートポイエーシス・システムとしての法
グンター・トイプナー著／土方透・野﨑和義訳　三二〇〇円
25 地上に尺度はあるか　非形而上学的倫理の根本諸規定
ウェルナー・マルクス著／上妻精・米田美智子訳　三八〇〇円
26 ガーダマーとの対話　解釈学・美学・実践哲学
ハンス－ゲオルク・ガーダマー著／カルステン・ドゥット編／巻田悦郎訳　一八〇〇円
27 インファンス読解
ジャン＝フランソワ・リオタール著／小林康夫・竹森佳史ほか訳　二五〇〇円
28 身体　光と闇
石光泰夫著　三五〇〇円

29 マルティン・ハイデガー　伝記への途上で　フーゴ・オット著／北川東子・藤澤賢一郎・忽那敬三訳　五八〇〇円
30 よりよき世界を求めて　カール・R・ポパー著／小河原誠・蔭山泰之訳　三八〇〇円
31 ガーダマー自伝　哲学修業時代　ハンス＝ゲオルク・ガーダマー著／中村志朗訳　三五〇〇円
32 虚構の音楽　ワーグナーのフィギュール　フィリップ・ラクー＝ラバルト著／谷口博史訳　三三〇〇円
33 ヘテロトピアの思考　上村忠男著　二八〇〇円
34 夢と幻惑　ナチズムとドイツ史のドラマ　フリッツ・スターン著／檜山雅人訳　三八〇〇円
35 反復論序説　湯浅博雄著　二八〇〇円
36 経験としての詩　ツェラン・ヘルダーリン・ハイデガー　フィリップ・ラクー＝ラバルト著／谷口博史訳　二九〇〇円
37 アヴァンギャルドの時代　1910年－30年代　塚原史著　二五〇〇円
38 啓蒙のイロニー　ハーバーマスをめぐる論争史　矢代梓著　二六〇〇円
39 フレームワークの神話　科学と合理性の擁護　カール・R・ポパー著／M・A・ナッターノ編／ポパー哲学研究会訳　三八〇〇円
40 グローバリゼーションのなかのアジア　カルチュラル・スタディーズの現在　伊豫谷登士翁・酒井直樹・テッサ・モリス＝スズキ編　二五〇〇円
41 ハーバーマスと公共圏　クレイグ・キャルホーン編／山本啓・新田滋訳　三五〇〇円
42 イメージのなかのヒトラー　アルヴィン・H・ローゼンフェルド著／金井和子訳　二四〇〇円
43 自由の経験　ジャン＝リュック・ナンシー著／澤田直訳　二八〇〇円
44 批判的合理主義の思想　蔭山泰之著　二八〇〇円

45 滞留［付／モーリス・ブランショ「私の死の瞬間」］　ジャック・デリダ著／湯浅博雄監訳　二〇〇〇円
46 パッション　ジャック・デリダ著／湯浅博雄訳　一八〇〇円
47 デリダ　カトリーヌ・マラブー編／高橋哲哉・増田一夫・高桑和巳監訳
48 接触と領有　ラテンアメリカにおける言説の政治　林みどり著　二四〇〇円
☆ベンヤミンのパサージュ　ピエール・ミサック著／瀧浪幸次郎訳
☆ハーバーマスとモダニティ　リチャード・J・バーンスタイン著／三島憲一・木前利秋・中野敏男訳
☆名前を救う　ジャック・デリダ著／小林康夫訳
☆コーラ　ジャック・デリダ著／守中高明訳
☆問題解決としての生　カール・R・ポパー著／萩原能久訳
☆宗教について　ジャック・デリダ、ジャンニ・ヴァッティモ編著／湯浅博雄・廣瀬浩司訳
☆構想力・真理・歴史　木前利秋著
☆メタフラシス　ヘルダーリン、ハイデガー、ベンヤミン　フィリップ・ラクー＝ラバルト著／高橋透・高橋はるみ訳

本書の関連書

文化の未来　開発と地球化のなかで考える　川田順造・上村忠男編　二二〇〇円